Richard von Muth

Die bairischösterreichische Mundart,

dargestellt mit Rücksicht auf den gegenwärtigen Stand der deutschen Dialekt-Forschung

Richard von Muth

Die bairischösterreichische Mundart,
dargestellt mit Rücksicht auf den gegenwärtigen Stand der deutschen Dialekt-Forschung

ISBN/EAN: 9783743405769

Hergestellt in Europa, USA, Kanada, Australien, Japan

Cover: Foto ©ninafisch / pixelio.de

Manufactured and distributed by brebook publishing software (www.brebook.com)

Richard von Muth

Die bairischösterreichische Mundart,

Die

bairisch-österreichische Mundart,

dargestellt

mit Rücksicht auf den gegenwärtigen Stand der deutschen Dialectforschung

von

Richard v. Muth.

Separatabdruck aus dem X. Jahresberichte der nied. österr. Landesoberrealschule in Krems a. d. Donau.

Wien.

Alfred Hölder

(Beck'sche Universitätsbuchhandlung)

Rotenturmstrasse 15.

I. Bedeutung und Aufgabe der Dialectforschung.

Wie viel Scharfsinns und Ausdauer auch die Erforschung, Vergleichung und Darstellung verklungener, gleich den Völkern, die sie redeten, erstorbener Sprachen oder Sprachstufen erfordert und in Anspruch nimmt, noch weit mehr Schwierigkeit bietet die systematische Behandlung der lebenden Sprache, wenn dieselbe nicht blos als grammatisches Gerippe in rohen Umrissen zur Anschau gebracht, sondern als „voller Atem menschlicher Seele," wie sie im Munde des Volkes wirklich lebt und gesprochen wird, aufgefasst werden soll. Den Wortschatz einer lebenden Schriftsprache zu sammeln und aufzuzeichnen, reicht wie die Erfahrung beweist, ein Menschenalter nicht hin; ist überhaupt eine Arbeit, die, weil die geistigen Functionen des Volkes nie erlahmen, in gewissem Sinne nie zum Abschluss gebracht werden kann; und doch ist die Sammlung des Wortvorrats der Sprache, wie es ja das aufopfernde Beispiel der Begründer der modernen germanistischen Wissenschaft beweist, eine Aufgabe „des Schweisses der Edlen wert," weil nur bei Durchmusterung aller Worte und Formen die allgemeine Giltigkeit gewisser Regeln und Voraussetzungen sich erweisen lässt. Doch der Wortschatz der Schriftsprache ist fixiert und begrenzt, die Werke in Schrift und Druck sind das Urkundenbuch, der Quell, aus dem die Forschung schöpft; wie anders bei der Mundart, der lebendigen Ausdrucksweise des Volkes: ein Ausdruck, der diesem Stamme, dieser Landschaft, ja diesem Tale gang und gäbe ist, wird bei den Nachbarn nicht mehr gebraucht, wenig ferner nicht mehr verstanden; und wer dann daran geht, mit emsigem Fleisse die Ausdrucksweise eines Stammes darzustellen, den ihm eigentümlichen Wortvorrat, der oft nach tausenden von Vocabeln zält,[1]) die nirgends anders im Gebrauche sind, zu sammeln, kann nie behaupten, seiner Aufgabe vollständig gerecht geworden zu sein, weil er eben auch das unlösbare Problem gelöst haben müsste, darzulegen, welche Worte der Schriftsprache dem Volksgebrauche mangeln.[2]) So wenig es gelingt einen Strom im Lichtbild zu fixieren, so wenig ist es möglich, ein vollständiges Bild der Sprache zu geben, der lebendigen, wie sie im Munde des Volkes frisch und kräftig ertönt.

Und doch ist die Dialectforschung ein unentbehrlicher Behelf der allgemeinen Sprachwissenschaft, ja bezüglich der Germanistik lässt sich geradezu behaupten, dass für die erspiessliche Fortbildung derselben die systematische Darstellung der deutschen Mundarten eine unabweisliche Notwendigkeit ist; die Schätze der Vorzeit, die Jahrhunderte hinter Schloss und Riegel, im Staub und Schutt der Bibliotheken und Archive geschlummert, sind gehoben, neues Material auf diesem Wege kaum mehr zu finden, jedenfalls nicht vorauszusetzen, eine Menge Fragen und Annahmen aber harren noch der Beantwortung und Beglaubigung, die ihnen jedoch nur werden kann aus der Darstellung der wirklichen Volksmundart. Damit ist natürlich nicht gemeint die saloppe Umgangssprache der Gebildeten, die sich bemühen hochdeutsch zu reden; auch nicht das grobe Patois der Städter, dem Fremdworte und wechselnde Beschäftigung ein eigentümlich unschönes Gepräge verleihen;[3]) sondern das Object des Sprachforschers ist die oft rauhe

---

[1]) Um einen schwachen Begriff vom Reichtum dieser Ausdrucksweise zu geben, folgen hier die österreichischen Synonima für den Begriff des Weinens, durchaus bekannte Worte: flenen, hänen, heulen, plärren, platzen, reren, rotzen, tränzen, woanen, zanen.

[2]) Man darf dabei nicht etwa an transcendentale Begriffe oder Ausdrücke für Bedürfnisse, die dem Volke mangeln, denken; aber hat jemand von unserem Bauer je Worte gehört, wie z. B. erheben, entheben, Ferno, senden, schreiten, streben, während doch überheben, aufheben, entfernt, Gesandter, ausschreiten (in concretem Sinne) in aller Munde ist? „zu haus, unter den seinen, redet der mensch nachlässiger, aber behaglicher und vertrauter als gegenüber andern und fremden, oder selbst beim niederschreiben seiner gedanken." J. Grimm, Gesch. d. d. Spr. 827. vgl. Weinhold über d. Dialectforschung S. 7.

[3]) Schmeller, die Mundarten Bayerns. 42.: „es darf die Sprache der Bürgerclasse, obschon sich diese gerne etwas herausnimmt, meistens für corrupter als die des Landvolks erklärt werden." Weinhold bair. Gramm. p. 13.: „abgelegene Landschaften halten an altertümlicheren Lauten und Worten

und harte Sprache des Landmannes in Wald und Feld; darum befähigen selbst die reichsten Kenntnisse und der emsigste Fleiss den nicht zur Darstellung des Dialects, dem Kenntnis der Bevölkerung, ihrer Sitte und ihres Brauches mangelt, dem nicht eine warme Empfänglichkeit für Denk- und Ausdrucksweise des Volkes gegeben ist. Darum bleiben das beste, ja einzige Mittel, das Volk und seine Eigenart in Leben und Sprache kennen zu lernen, Fusswanderungen, die zu unmittelbarer Berührung mit allen Schichten der Bevölkerung führen nicht nur dort, wo die grosse Heerstrasse zieht, sondern in den entlegensten Tälern, am lachenden Rebengelände des mächtig rauschenden Stromes wie am beeisten Fuss der hoch aufragenden Gletscher. Nur der unmittelbare, persönliche Verkehr mit dem Volke kann das Verständnis seiner Mundart erschliessen. Natürlich wird, wem es um gründliche Einsicht und Ausbeutung zu thun ist, die Sprachdenkmale jener Zeiten zur Hand nehmen, in denen mündlicher und schriftlicher Gedankenausdruck sich noch näher stand, in denen es noch keine durch gelehrte Reflexion abstrahierte Schriftsprache gab, in denen mit einem Worte, wer schrieb oder sang, seiner Mundart treu blieb. So viel sich nun aus Schriftstellern und wol noch mehr aus Urkunden, Personen- und Ortsnamen des Mittelalters entnehmen und gewinnen lässt, so grosse Vorsicht und Enthaltsamkeit muss man modernen Erzeugnissen entgegenbringen, die angeblich im Dialect geschrieben sein sollen und in den häufigsten Fällen nur im gröbsten und gemeinsten Vorstadt-Jargon abgefasst sind; denn was dem mittelalterlichen Dichter oder Stadtschreiber nicht etwa als mundartlich, sondern als völlig zutreffender oder wol gar einzig zulässiger Ausdruck erschien, ist hier Manier wo nicht Gemeinheit.[1]) Hierin liegt auch der Grund, warum selbst herzlich empfundene Dialectdichtung häufig kalt lässt, weil was uns vom Bauer anheimelt, im Munde des Gebildeten widerlich klingt und so vermögen selbst ein

ebensogut wie an alten Sitten und Sagen fester, als die dem grossen Verkehr übergebenen; die ärmeren Vorstädte grosser Städte sprechen einen Jargon, dessen Rohheiten nicht dem Dialect zufallen."

[1]) Deshalb kann über Mareta: „Proben eines Wörterbuches der österreich. Volkssprache" Wien 1861 u. 1865 nicht günstig geurteilt werden, weil er fussend auf den manirierten Stilproben der jüngsten Zeit (von Abraham a S. Clara bis zum — Hans Jörgel!) nur ein Bild des Patois der Wiener Vorstädte und Vororte, reich an Slavismen und Galicismen, wie solche durch Zufluss der Bevölkerung und feindliche Invasion importiert wurden, aber keineswegs ein Wörterbuch der östr. Volkssprache bietet.

Fritz Reuter, J. P. Hebel, Stelzhammer eben nur einen beschränkten Kreis heranzuziehen, der mehr Empfänglichkeit affectiert als empfindet, da doch die Sprache des Dichters klar und gleich verständlich allen Gauen der Heimat hallen soll.¹)
Aufgefasst als der lebendige und schlichte Ausdruck des Volkes, gestützt auf den erforschten und gesicherten Gebrauch der Vorzeit, ist die Mundart für den Sprachforscher eine unerschöpfliche Quelle, die seine Arbeit nach den verschiedenen Richtungen fördernd nie versiegendes Materiale bietet, und es ist nunmehr zu zeigen, wie der Dialect für die Sprachforschung im allgemeinen verwertet werden könne. In erster Linie erhält die Mundart mit zäher Treue eine Fülle altertümlicher Formen und Wörter, die sonst verschollen sind, oder, in einzelnen Quellen unverständlich überliefert, erst durch die Vergleichung mit dem heutigen Sprachgebrauch Sinn und Bedeutung empfangen. Oft bietet die Vergleichung der Mundart mit älteren Sprachstufen das einzige und untrügliche Mittel zu sicheren Schlüssen über die Herkunft eines Volksstammes, den Weg, den er auf seinen Wanderungen eingeschlagen, und den Culturgrad, auf dem er vormals gestanden, zu gelangen und so kann die Dialectforschung eine Stütze der Geschichtswissenschaft werden. Welche Perspective in die germanische Vorzeit eröffnet sich selbst dem Unkundigen, wenn er hört, dass das öst. Wampen (Bauch) gotischem vamba, altn. vömb entspricht Grimm Gesch. d. d. Spr. 758 ; oder das Weiden und Austreiben des Viehes bei Ulfilas gerade so heisst wie bei unsrem Landmann und Aelpler : haldan, wovon der Halter, während das hochdeutsche lautlich entsprechende Wort längst die Bedeutung pascere mit der allgemeinen tenere vertauscht hat ;²) oder wenn ihm das alte formelhafte „grasgrein" der Vehme „auf der roten Erde" in Bauers Mund im niedöst. Wagram begegnet.³) Da sich nun überdies im ungekünstelten

---

¹) „im.grunde sträubt sich die schämige mundart wider das rauschende papier, wird aber etwas in ihr aufgeschrieben, so kann es durch treuherzige unschuld gefallen; grosse und ganze wirkung vermag sie nie hervorzubringen." Grimm, Gesch. d. d. Spr. 828.
²) Vgl. über dieses Wort Grimm. Gesch. 29, Wtb. IV. 300, Schmeller bayr. Wörterb. 1100 II, Lexer Kärnt. Wörterb. 132, Sengschmitt Ueber den Zusammenhang der österreichischen Volkssprache mit den drei älteren deutschen Mundarten Wien 1852. S. 9.
³) Auf hohes Alter deutet auch das Wort Kar für Bergspitze : Eiskar, Kühkar, Gamskar sämmtlich im Pongau und Pinzgau; entschieden falsch gedeutet Schmeller bayr. Wtb. 1277 II, von Lexer Kärnt. Wtb. 154 in Zusam-

und unbewussten Gebrauch des Volkes Laut und Form ohne doctrinären Zwang bewegen und sich innerhalb weniger Menschenalter oft überraschende Veränderungen im Wortvorrat sowol als in der Anwendung und Aussprache einzelner Formen nnd Worte vollziehen, kann bei gehöriger Vorsicht der Dialect auch ausgebeutet werden zur Erklärung allgemeiner Processe im sprachlichen Leben; so ist namentlich eine Darstellung der Lautverschiebung, ihres Anlassses und Verlaufes, nur auf dem Wege lautphysiologischer Vergleichung der deutschen Dialecte zu erzielen und es steht dahin, ob nicht, wenn erst einmal das Materiale sämmtlicher germanischer Mundarten so gesichtet und übersichtlich vorliegt, wie bis jetzt nur für die alamannische und bairische, noch neue und ungeahnte Aufschlüsse über die Entwicklung unsres sprachlichen Lebens zu erwarten sind. Endlich lassen sich aus der sorgsamen Beobachtung der Mundart, namentlich wo man im Stande ist, dieselbe durch längere Zeiträume zu verfolgen, Schlüsse ziehen für die künftige Entwicklung der Schriftsprache, was wenn auch nicht der Linguistik doch der Völkerpsychologie, die gleichfalls hier eine überaus ergiebige Fundgrube hat, Förderung bietet; verstummen gewisse Processe, sterben gewisse Formen ab (wie im öst Dialect der Umlaut des a, das starke Praet. u. a.) und ist man im Stande ein Fortschreiten und eine Ausbreitung dieser Tendenzen nachzuweisen, so lässt sich voraussetzen, dass dereinst die Schriftsprache auch diesem Drange nachgeben werde.[1]) Wenn daher die Mundart einerseits zäh festhält an altüberlieferter Form und Laut, und einzelne Worte, wie es Schmeller bezeichnet, „ruinenhaft" in unsre heutige Sprache herüberragen gleich jenem wampen urassen, eilt sie andrerseits der Schriftsprache voraus und ist heute bereits ärmer an Formen, reicher an Worten, wenn dieselben auch nicht jedem Individuum in gleichem Masse zu Gebote stehen, als diese vielleicht in Jahrhunderten.

menhang gebracht mit ags. carr Felsen; dann Kees Schneefeld, ahd. chès Eis?; weiters das von Much in seiner vorzüglichen Abhandlung über Ortsnamen in Niederösterreich, Blätter des Vereines für Landeskunde 1872 p. 127 dem dänischen bierg-as Bergjoch verglichene Pyrgas; unser sonst unverständliches urassen erklärt trefflich das got. ufarassan=abundare Ulf. Luk. 15, 17 vgl. Sengschmitt a. a. O. u. v. a.
[1]) Rapp Physiologie der Sprache Stuttgart 1836. „Unsere Schriftsprache wird in der nächstkünftigen Redaction unseren Dialecten ähnlicher sehen als der jetzigen Schrift."

II. Ueber den gegenwärtigen Stand der deutschen Dialectforschung mit Rücksicht auf die bairische Mundart.

Während Jacob Grimm, der Altmeister der germanistischen Wissenschaft, noch den Vorbereitungen zum ersten Bande der Grammatik oblag, hatte mit Unterstützung der Münchener Academie die kritische Behandlung der Mundarten Baierns unternommen Johann Andreas Schmeller (1785--1852), ein Mann, der ausgestattet mit eisernem Fleiss, scharfem Blick, empfänglichem Sinn für alles volkstümliche und edle, wie kaum ein zweiter zu dieser Aufgabe berufen war. Das Ergebnis seiner Forschungen war das trotz seiner anspruchslosen Form grundlegende und durch keine Arbeit der Folgezeit überbotene, geschweige denn entbehrlich gemachte Buch :[1])
Die Mundarten Bayerns, grammatisch dargestellt ¦von Joh. Andreas Schmeller. München 1821.

Dieses Werk, bei den Hilfsmitteln, über die zu jener Zeit der Autor gebot, geradezu staunenerregend durch die Reichhaltigkeit des darin enthaltenen Materiales und die stets zutreffende Sicherheit des Urteils, ist heute wol in einzelnen Partieen veraltet, so namentlich hinsichtlich der Darstellung der Conjugation, die allgemeinen Grundsätze und Gesichtspuncte jedoch, die Schmeller aufstellte, haben manche Ergänzung; aber noch keine erwähnenswerte Berichtigung erfahren.[2]) Ein arger Fehler, der den Gebrauch des Buches nach unseren jetzigen Anforderungen erschwert, war aber die Begrenzung des Themas seitens des Verfassers: indem er sich an die politischen Grenzen des Königreichs Baiern hielt, zog er die alamannische und fränkische Mundart mit in den Kreis der Betrachtung, schloss jedoch von vornherein das ganze österreichische Gebiet, auf dem bairische Mundart gesprochen wird und das räumlich mehr als dreimal so umfangreich ist als das Gebiet der Mundart im ei-

---

[1]) Es ist hier nicht entfernt beabsichtigt, eine Bibliographie der deutschen Dialectforschung zu geben; wem es darum zu thun ist, wird das Materiale finden im 7. Heft der 2. Ausgabe des bayr. Wtb. und vor Weinholds alem. und bair. Grammatik.

[2]) Eine neue Bearbeitung der Schmeller'schen Grammatik — freilich nicht in der Weise, wie neuerlich Grimms Grammatik abgedruckt worden ist, sondern mit Berücksichtigung des gegenwärtigen Standes der Forschung — ist eine Notwendigkeit und, nachdem die hist. Commission die neue Bearbeitung des Wörterbuches veranlasst hat, zunächst Pflicht dieser Körperschaft.

gentlichen Baiern, völlig aus — nur obderennsische und seltener tirolische Ausdrucksweise fand hin und wieder Berücksichtigung. Allerdings darf man aber nicht verkennen, dass gerade hiedurch Schmellers Arbeit gleich grundlegend wurde für den schwäbischen wie für den bairischen Dialect und dass er die landschaftliche Scheidung des Ausdrucks allenthalben hervorhebt. Der Grammatik folgte:

Bayerisches Wörterbuch von J. A. Schmeller 4 Bände. München 1827—1837. Zweite Ausgabe im Auftrage der historischen Commission bearbeitet von G. Karl Frommann. München seit 1869 acht Lieferungen,[1])

nebst manchen andren Arbeiten zur Dialectologie (die Quantität in bair. Mundart, das „cimbrische" Wörterbuch u. a.)

Doch erst ein Menschenalter später wurde das Interesse für diesen Zweig der Wissenschaft, der unter Dilettantenhänden (Castelli) zu verwahrlosen begann, ein regeres und es trat der damalige Professor in Gräz Karl Weinhold auf mit seiner kleinen, glänzend geschriebenen Schrift: Ueber deutsche Dialectforschung. Wien 1853, die nicht nur in präciser Weise die Ziele und Wege der Wissenschaft entwickelte, sondern zugleich durch die beigegebene Laut- und Formenlehre der heimischen (schlesischen) Mundart des Verfassers die glänzende Befähigung desselben für die practische Durchführung seiner Begehren documentierte. Gleichzeitig unternahm G. Frommann in Nürnberg die Herausgabe einer Zeitschrift: die deutschen Mundarten. Vierteljahrsschrift. Nürnberg und Nördlingen 1854 — 1859, in der Materiale in reicher Fülle aufgestapelt wurde, die aber leider nach sechs Jahren am Mangel an Teilnahme einging. Da sich die Notwendigkeit einer systematischen Behandlung der deutschen Dialecte immer dringender herausstellte, unternahm dieselbe Weinhold, inzwischen als Professor nach Kiel berufen, in seinem im grössten Massstabe angelegten Werke: Grammatik der deutschen Mundarten, von dem bis jetzt erschienen sind:

I. Alemannische Grammatik. Berlin 1863.

II. Bairische Grammatik Berlin 1867.

---

[1]) Soweit die 2. Auflage erschienen ist, ist dieselbe bei der vorliegenden Abhandlung zugezogen und in den Citaten durch eine beigesetzte II. kenntlich gemacht.

Weinhold hat mit kritischer Vollständigkeit und unermüdeter Ausdauer die Entwicklung des bairischen Dialects seit den ältesten Zeiten durch alle Schriftsteller und Urkunden des Mittelalters und der Neuzeit verfolgt und durch die überaus reiche Sammlung der Belege, die, was er verschmähte, eine schöne Ergänzung zum Wörterbuche gäben, das Urkundenbuch für die genetische Entwicklung der Mundart geliefert; wo er jedoch auf die lebendige Sprache des Volkes einzugehen gezwungen ist, kommt ihm keineswegs jene Autorität zu, wie etwa Schmeller, ist er in seinem Urteile schwankend und unzuverlässig[1]) und es wird sich daher zu vielfacher Polemik und Berichtigung Gelegenheit ergeben, woran übrigens der zum Teil unverständliche Stil nicht die geringste Schuld trägt.[2]) Was bei Weinhold insbesondere vermisst wird, ist bei der Fülle des Materials und der Häufung der Eizelnheiten die Entwicklung und Aufstellung allgemeiner Gesichtspunkte, aus der Menge des Details abgeleitete allgemeine Regeln, wie solche bei Schmeller in anregendster Form begegnen, und geboten werden müssen, wenn die Ergebnisse der Dialectforschung der allgemeinen Sprachwissenschaft zu gute kommen sollen. So schätzenswert also die Arbeit Weinholds über den bairischen Dialect bleibt durch ihre Reichhaltigkeit, so wenig reicht sie noch an Schmellers epochemachendes Werk, umsomehr da in der germanischen Philologie

---

[1]) Ein Beispiel seiner Methode zu argumentieren möge dies dartbun : pag. 42. 43. §. 28: „die Mundart behält altes u gegen gemeines o ... in den Particip1en kummen, gnummen, gspunnen," eine Behauptung, an deren Richtigkeit niemand zweifelt, nun heisst es auf derselben Seite weiter : „Dazu kommt die über das ganze Gebiet verbreitete Neigung o in u zu verdumpfen," als Beispiele dasselbe kumen und genumen! Entweder ist das u archaeistisch, ungebrochen, dann ist es nicht verdumpft; oder es ist neu, verdumpft, dann ist es nicht alt erhalten ; es ist hiebei auf Schmeller §. 323. 342 citiert, der sich jedoch nur auf Oberpfalz und Ober-Main bezieht. Zehn Zeilen weiter ist als Beispiel dieser Verdumpfung angeführt der Reim Seifrieds Helblings 7, 828 sun : von, während p. 17 §. 5 nicht weniger als 54 Beispiele die dem Kundigen ohnedies bekannte und von allen Vorgängern hervorgehobene Aussprache van bezeugen, woraus doch folgt, dass in dem angeführten Reime das u in sun höher, das o in von, wenn es schon verdumpft ist, wie heutiges hochdeutsches o, aber keinesfalls tiefer genommen werden darf. Die Verdumpfung tritt heute wenigstens in der Tat nur ein vor l und r. s. u. — ,Aehnlicher Widerspruch zwischen §. 93 fliogen (!!) und §. 98 u. v. a.

[2]) Man grüble über den Satz p. 50 §. 37: „Gering ist gegen die Denung (sic) die Zusammenziehung, welche durch Consonantenausstoss und Stärkung des Stamm-a durch die Zeitdauer der verschlungenen Endsilbe einige â hervorbringt.

eine neue Richtung zum Durchbruch gelangt, die angeregt durch die Untersuchungen der Physiologen und Akustiker, Brücke (Grundzüge der Physiologie und Systematik der Sprachlaute Wien 1856) und Helmholz (Lehre von den Tonempfindungen 3. Aufl. Braunschweig 1870) sich nicht begnügt, den sprachlichen Process zu verzeichnen, sondern nach seinen Ursachen fragt und dieselben im menschlichen Sprachorgan, seiner Structur und Verwendung findet, was, in Folge des Zusammenhanges mit Klima und Lebensweise, wieder zur Völkerpsychologie leitet. Die physiologische Erklärung sprachlicher Processe, vornehmlich der Lautverschiebung, kann aber nicht gewonnen werden vor der Feststellung der heutigen Aussprache, d. i. vor allem der lautphysiologischen Untersuchung der deutschen Dialecte.[1]

In der folgenden Abhandlung nun ist zwar keineswegs eine derartige Untersuchung des bairischen Dialects unternommen, wol aber ist darnach getrachtet, neue allgemeine Gesichtspuncte, die auf den ergänzten und berichtigten Ergebnissen der bisherigen Forschung beruhen, zu gewinnen und festzustellen, welche einerseits zu erneuter kritischer Untersuchung der Frage über die Abstammung der Baiern anregen, andrerseits die Grundlage bilden sollen zur lautphysiologischen Darstellung der Mundart. Daran knüpft sich eine gedrängte Uebersicht der Formenlehre um die charakteristischen Eigentümlichkeiten festzustellen und einiges über Volksdichtung und Alliteration, als Beleg für die oben entwickelten Behauptungen von der erhaltenden und zerstörenden Kraft des Dialects. Ueberhaupt hat es die Abhandlung zu thun mit der lebenden Mundart, nicht aber mit ihrer genetischen Entwicklung, sondern mit der stets werdenden, flüssigen Sprache, wie sie wirklich im Munde des Volkes lebt, und welche mit Rücksicht auf die politischen Grenzen und die Zal derer, die sie sprechen, eher die österreichische

---

[1] „Hier liegt in der That eine linguistische Aufgabe, die nur ein Physiologe in vollkommener Weise lösen kann. Freilich auch nur ein feinhöriger und vorsichtiger Mann, von unbestechlichem Urteil." Scherer Zur Geschichte d. d. Spr. S. 50. Der erste Forscher übrigens, der diesen Weg einschlug, war Rudolf v. Raumer in seiner Abhandlung: die Aspiration und die Lautverschiebung 1837, man vgl. auch dessen Offenen Brief an den Herausgeber der Zeitschrift für die deutschen Mundarten 1857, ferner die geschichtliche Entwicklung der Laute 1861, sämmtlich enthalten in Gesammelte sprachwissenschaftliche Schriften. Frankfurt u. Erlangen 1863.

als die bairische, oder zum mindesten, wenn schon der historischen Genesis Rechnung getragen wird, die bairisch-österreichische genannt werden sollte.

III. Der bajuwarische Stamm und das Gebiet seiner Mundart.

Es ist eine bekannte Thatsache, dass in der berühmten Stelle wo Tacitus in der Germania die Dreiteilung der germanischen Völker auseinandersetzt, gerade der Stamm dem grossen Geschichtschreiber unbekannt geblieben ist, der vom Geschicke berufen war, die welke romanische Welt mit seinem Herzblut zu erfrischen, der gotisch-vandalische, den seine hohe Begabung zur Assimilation und Vermengung mit den geistig so sehr vorangeeilten Romanen vor allen andren Bruderstämmen befähigte und der auf den Schlachtfeldern am Fusse des Vesuvs und am Felsen des Tarik verblutet ist und angeblich bis auf die letzte Spur vom Schauplatze der Geschichte abgetreten. Erst der neuesten Forschung war es vorbehalten, die mutmasslichen Reste jenes grossen und reichbegabten Stammes, die nicht gleich den Schaaren Alarichs, Geiserichs und Theodorichs in die lachenden Gefilde Italiens hinabgestiegen, sondern den Hunnensturm im heimischen Norden überdauert haben, nachzuweisen in den Baiern, die man sich allmälig gewöhnt hatte, wie sie Jahrhundertelang die Nachbarn der Alamannen waren, so auch für deren nächste Stammverwandte zu halten. In der That ist die Bestimmung der Abkunft bei keinem der deutschen Völker schwieriger als den Bewohnern des heutigen Oesterreichs und Baierns.

Keine Landschaft ward von so vielen Völkerstämmen durchzogen als das Donautal;[1]) die schon durch die römische Invasion hart gedrückten Kelten der Alpenländer[2]) verschmolzen

---

[1]) Much a. a. O. hat mit für mich überzeugenden Gründen dargethan, dass der Ort des ersten germanischen Donauüberganges die Wachau gewesen ist.
[2]) Unter keiner Bedingung ist es zulässig, an eine slavische Urbevölkerung zu denken, die vor der germanischen Invasion nördlich der Donau ansässig gewesen wäre, wie das von unkritischer Seite aus dem Umstande gefolgert worden ist, dass in Hügeln, die St. Veit Kapellen tragen, — der St. Veitcultus führt, obwol er sich auch in Gegenden nachweisen lässt, die nie slavische Bevölkerung besassen, wie für den oberösterreichischen Traungau Baumgarten das Jahr und seine Tage in Brauch und Sitte der Heimat Kremsmünster 1860, für das Oberinntal Schöpf bei Fromman III. 520., allerdings an manchen Stellen auf den Kriegsgott der Slaven

rasch mit den rohen, rücksichtslosen Germanen, von denen Stamm um Stamm den verlockenden Pfad nach dem Süden einschlug: die Markomannen und Quaden drangen über den Böhmerwald nach Südwesten; die Rugier, ein gothischer damals schon christlicher Stamm, und die verwandten Skiren und wol auch die Heruler standen lange Zeit im Donautal; rascher zogen die Vandalen hindurch; die Langobarden verweilten ein Jahrzehnt, bevor sie ihren Weg durch Pannonien nahmen. Man ist der Ansicht Zeuss, die er in seinem Hauptwerk wie in einer eigenen Schrift: die Herkunft der Baiern von den Markomannen dargelegt hat, zu blindlings gefolgt, während äussere und innere Gründe nötigen, wenn man sich schon nicht herbeilassen will in den Baiern Abkömmlige des gotischen Stammes zu sehen,[1]) eine starke Vermengung mit gotischen Elementen unter allen Umständen anzunehmen.

Die Gründe dieser Annahme sind:
1. Die Bewahrung der dualen Form für den Plural der II. Person des Pron. pers. und des Verbums — kein zwingender Grund, da man immerhin diese Formen für noch älter ansehen und als Reste aus einer Zeit germanischer Urgemeinschaft erklären könnte.
2. Die consonantische Brechung, ähnelnd der gotischen vor h und r. Weinhold p. 114. §. 117.
3. Die vielfache Berührung des Tiroler Dialects mit gotischem Sprachgebrauche; Analogieen gesammelt von Schöpf. Ueberblick der sprachlichen Elemente in Tirol. Fromman II. 332. Jos. Thaler a. a. O. III. 317 ff. 328. insbesondere 458. Grimm. Gesch. d. d. Spr. II. 1031[2]) s. o. S. 6.

Swantevit zurück — Waffen und Geräte der Steinzeit gefunden worden sind, so namentlich bei Eggenburg am Manhartsberg. Mag an solchen Orten immerhin ein slavisches Heiligtum gestanden haben, so folgt daraus mit nichten, dass auch jene Geräte von Slaven herrühren; man kennt die Toleranz des Polytheismus: wie der christliche Cultus sich an die altheidnische Stätte knüpfte, so hatten schon die eindringenden Slaven mit frommem Schauder von dem Volke, das sie unterwarfen, denn Samos Reich erstand in blutigen Kämpfen, den gefrideten Platz der Gottesverehrung übernommen, der vielleicht schon einer langen Kette von Geschlechtern der verschiedensten Völker bis in vorhistorische Zeiten heilig gewesen war, durch eine hervorragende Stellung ein Ort der Andacht, wie dem umwohnenden Landvolk noch bis auf den heutigen Tag.

[1]) Wofür sich übrigens Waitz Verfassungsgeschichte I[2.] 13 mit der Entschiedenheit und Ueberlegenheit, die diesen Forscher auszeichnen, ausgesprochen hat.
[2]) dagegen in absprechender, nichts beweisender Weise, Weinhold §. 155.

4. Die Annahme des westgotischen Rechts durch die Baiern im 7. od. 8. Jahrhundert in der Form der Antiqua König Reccareds, welche Reception, nachdem sie durch fränkische Vermittlung nicht stattgehabt hat,[1]) wenn schon nicht gemeinsame Quelle des bairischen und westgotischen Rechts, doch wesentliche Uebereinstimmung mit der bisherigen Rechtsanschauung und den hergebrachten Satzungen voraussetzt.

5. Die Verschiedenheit des Namens des Kriegsgottes bei Alamannen und Bajuwaren, worauf schon die abweichende Benennung des dritten Wochentags — Ziestac und Erestac — leitet Grimm. Myth. I. 183, Gesch. d. d. Spr. I. 508, II. 838 und welche bei der hohen Bedeutung gerade dieses Cultus bei einem und demselben Stamme nicht anzunehmen wäre.

6. Endlich die Localisierung der gotischen Stammsage u. zw. der Wilkinen- und Harlungensage im Donautal, in der Wachau und an der Erlafmündung, der Amelungensage in Tirol, namentlich in der Etschklause um Meran und in Passeier; das letztere bedarf keines Belegs; ebensowenig die Harilungoburg; über Wieland und Wate vgl. Much a. a. O. — derjenige Grund, auf den ich das grösste Gewicht zu legen geneigt bin.

Es ist die Abkunft aber bei Behandlung der Mundart wesentlich und von grossem Gewicht, nicht nur weil manche Zweifel und Dunkelheiten sich klären, sondern weil sich auch wichtige Folgerungen daraus ergeben.

Es ist natürlich, dass auf einem so umfangreichen Gebiete, wie das der bairisch-österreichischen Mundart ist, das vom Kamm des Fichtelgebirges bis zu den Quellen des Lech und Isonzo reicht,[2]) dieselbe nach dem Charakter der Landschaft und ihrer Bewohner ein verschiedenes Gepräge trägt. Ueber den Einfluss der physischen Landesbeschaffenheit auf die Sprache spricht schön Jac. Grimm Gesch. d. d. Spr. II. 828: „die sprache .... kann durch langen aufenthalt im gebirge, in wäldern, auf ebenen und am meere anders gestimmt und in abweichende mundarten gebracht werden. erfahrung lehrt, dass bergluft die laute scharf und rauh, das flache land sie weich und blöd machen. auf der alpe herschen diphthonge und aspiraten vor, auf dem blachfeld enge und dünne vocale, unter den consonanten mediæ und tenues." Bemerkungen, die für

---
[1]) Vgl. hierüber: Muth, Das bairische Volksrecht. Krems 1870. S. 17.
[2]) Eine genaue Abgrenzung des Gebietes bei Weinhold. S. 5 ff.

unsern Dialect völlig zutreffen. Weinhold hat zwar geläugnet, dass sich in der bairischen Mundart Gruppen scheiden lassen[1]) wie etwa in der alemannischen (Schwaben, Schweiz, Elsass); aber einerseits muss er selbst die Sonderstellung der oberpfälzischen Mundart einräumen, andrerseits unterscheiden die tirolischen Dialectforscher, die als Landeskundige hierin zunächst Beachtung verdienen, in ihrer Heimat drei mundartliche Gruppen: neben der alemannischen jenseits des Inn, die für unsren Zweck entfällt, und der bairischen, nämlich noch die „langobardische," wie sie dieselbe bezeichnen, die Volkssprache des Etsch- und Pustertals. Schöpf bei Frommann I. 332. Jos. Thaler III. 317. für Passeier 328, 458. Zudem kann keinem, der Land und Leute kennt, der Unterschied zwischen der nordöstlichen und südwestlichen Hälfte des bairisch-österreichischen Dialects entgehen, ein Unterschied, der vollkommen den landschaftlichen und Lebensverhältnissen entspricht: während im Osten der Vocal vergröbert wird, die media tonlos ist, so dass sie von hd. tenuis schwer unterscheidbar wird,[2]) insbesondere bei der unaspirierten Aussprache dieser letzteren, spricht der westliche Älpler die tenuis namentlich im Anlaut als rauhe affricata, die media mitunter wenigstens tönend, den Vocal reiner als der Flachländer;[3]) eine genaue Grenze anzugeben, geht nicht an.

---

[1]) Er thut das vornehm ab S. 14: „die Wissenschaft ordnet nicht nach oberflächlichen Varietäten, sondern nach organischen Unterschieden," als ob nicht gerade die letzteren hier zuträfen.

[2]) So schreibt Schmeller, dessen Autorität doch nicht anzufechten ist: kraupet (squalidus), in Oestr. spricht und schreibt man graupet; das Ziel beim nationalen Spiel, beim Eisschiessen (das curling der Hochschotten. Schm. Wtb. 162. 1553. II ähnlich dem Diskurswerfen der Hellenen) nennt Schmeller Wtb. 580. die Taube, bei uns spricht und schreibt jedermann — ich habe mehrfache Versuche unversehens angestellt — Daube, was auch ist. thülfa Erdbäuflein besser entspricht; zu diesem Worte in der Bedeutung columba vgl. übrigens Scherer zur Gesch. d. d. Spr. S. 62.

[3]) Vgl. niederösterreichisch: do is koa Wosser nöt
tirolisch: da ischt kchei Wasser nit
(alam.)

Zur Lautlehre.

IV. Quantität.

Der bairisch-österreichische Dialect hat den Hang, die im hochdeutschen lange Stammsilbe zu verkürzen — Vátter, Quáll; vgl. übrigens nhd. Mutter, lassen mit mhd. muoter, lâzen — und die kurze Stammsilbe namentlich vor Doppelconsonanz zu dehnen —Quêle, Sône, Mûder (oder gebrochen Muader); — eine unschöne Eigenheit, die besonders dann hervortritt, wenn Angehörige der gebildeten Stände, die im gewönlichen Umgang der Mundart sich bedienen, sich bemühen hochdeutsch zu sprechen : in der Schule, auf der Kanzel u. s. f. vgl. Schmeller. 542. 555. 568. 691.

Entgegen ferner dem im hochdeutschen gemeingiltigen Gesetze, dass bei Zusammensetzungen das erste, das Bestimmungswort den Hochton erhält (Háuptstàdt wie Úrteil), betont der Oesterreicher und Baier bei Orts- und davon abgeleiteten Personennamen die Stammsilbe des zweiten Wortes und zwar entschieden und unzweideutig vgl. Schmeller 698. also Kirchbérg, Wàldhóf, Pfàffenhófen, Rèhbérger, Hìnterhúber, Seèfélder u. s. f. Die sprachrichtige Betonung der ersten Silbe erscheint dem Landmann merkwürdigerweise nicht hochdeutsch, sondern slavisch, indem gerade die slavischen Nachbarstämme den Accent auf die erste Silbe zurückzuziehen pflegen und diese Aussprache, auch wenn sie deutsch sprechen, nicht ablegen. Diese Gewohnheit beherrscht Stadt und Land, man hört Wiener Vorstädte nie anders genannt als: Lèrchenfoéld, Màrjàhuélf (Oxytona) und ist so charakteristisch für den Eingebornen, dass er sie, auch wenn er hochdeutsch sprechen will, nie zu verläugnen vermag.

V. Vocale. Umlaut.

Man pflegt die Abneigung gegen den Umlaut in der Regel als ein charakteristisches Merkmal des Dialects hervorzuheben. Weinhold §§. 5. 12. 29., weil er stets mangelt in der 2. und 3 Pers. Sing. des Præs. Ind. der umlautfähigen starken Zeitwörter, also tragst tragt für hd. trägst, trägt; mitunter im Conj. Præt. wâr für wäre, mitunter im Plur. der starken masc. Mâner für Männer, wie auch in Stammsilben: hupfen, walzen, Brucken u. s. f., ferner einige mhd. rückumlautende adv. wie fruh, spat erhalten sind. Diesen Erscheinungen stehen jedoch entgegen: 1. Fälle unorganischen Umlauts: die Plurale Tägc, das allgemein übliche Wägen; blüten u. a. und das Vorherrschen dieser Fälle gerade in den bairischen Tälern Tirols: Zillerthal mit Dux, Stubai. Weinhold p. 114 §. 117. 2. die ausnahmslose Behauptung des Umlauts im Comparativ der Adjectiva Schmeller 895. Weinhold §. 246. 3. Der Mangel des Rückumlauts bei den im nhd. noch rückumlautenden Zeitwörtern oest. Part. g'nennt, 'kennt, g'rennt, 'brennt. 4. Der Umstand, dass die starken Praet. nur im Conj, also wenn umlautfähig umgelautet im Gebrauch sind, mit Ausnahme derer in ae; also ich gâb' für gäbe, stund für stände, aber ich trüg', derfrör', Nach alledem scheint es mir nicht zulässig, noch von einer durchgängigen oder charakteristischen Abneigung des Dialects gegen den Umlaut zu reden; der Mangel desselben in 2. 3. Präs. erklärt sich aus dem frühen Ausfall des Bindevocals -i-, der vielleicht in der Rede des Volkes schon stattfand, vor noch die trübende Wirkung des i im Deutschen überhaupt begonnen hatte.

VI. Vocale.

a) Tonerhöhung.

Im folgenden ist eine Anzahl lautlicher Erscheinungen, wie dieselben grösstenteils von Schmeller und Weinhold festgestellt sind, unter einem gemeinsamen Gesichtspuncte zusammengefasst und eine bestimmte Folgerung daran geknüpft.

Halten wir uns die bekannte steigende Scala der deutschen Vocale und Umlaute vor Augen: u ü o ö a ä e ë i, so werden wir finden, dass in bairisch-österreichischer Mundart die Eigenheit, fast möchte man sagen die Unart herrscht, in vielen Fällen den Eigenton des Stammvocals zu erhöhen d. h. statt des an die Stelle gehörigen einen höheren, dünneren Laut hervorzubringen, eine Folge der Lässigkeit der Aussprache, da es leichter ist einen hohen als einen tiefen Ton zu erzeugen, bei welch' letzterem Brust- und Halsmuskeln in kräftigere Thätigkeit versetzt werden müssen; eine Gewohnheit also, die gerade kein günstiges Licht auf den Volkscharakter wirft.

Solche Erscheinungen, die häufig auch in den gebildeten Ständen — vornehmlich dem Lehrer in der Schule begegnen sie immer — auffallen, sind:
1. Die Aussprache des ä und æ wie e, oder wo der Umlaut gemieden ist nicht als vergröbertes, sondern als reines, helles dem Dialect sonst fremdes a; Beck'=Bäcker, tragst=trægst, Måner =Männer, das æ ist zwar der höhere Ton, hier ist aber nur zu constatieren, dass in der Mundart das in diesen Formen der Schriftsprache fremde a höher klingt als gewöhnliches hd. a: „das umlautfähige a wird bairisch von dem nicht dem Umlaute unterworfenen dadurch unterschieden, dass es als reines a tönt, dieses als dumpfes." Weinhold p. 17 §. 5;[1]) mitunter hört man ä sogar als reines i Stingl=Stengel.
2. ö und œ wird zu e, ja zu deutlichen i verengt; Kepf'=Kœpfe, Vegl=Vœgel, stiren=stœren, Rimer=Rœmer u. a. [2])
3. Ebenso wird ü nie in der Stellung der Sprachorgane zwischen u und i, Brücke, Grundzüge S. 21, sondern in der für reines i (verkürzter Mundcanal, erhobener Kehlkopf) gebildet, ausgenommen jene Fälle, in denen es entsprechend mhd. üe diphthongisch lautet; Bindl=Bündel, Fiss'=Füsse, Gewirz=Gewürz, Schirze=Schürze.
4. ë tönt als i, namentlich vor r Schmirz für Schmerz, Weinhold §. 18 p. 34; man darf wol herzuziehen die Bewahrung des ungebrochenen Lautes in 1. præs. starker Verba; ich gib', nimm u. a.
5. „o wird heute allgemein nach a geneigt gesprochen." Weinhold p. 19 §. 6. Lexer kärnt. Wtb. IX., wol nur vor n und wo es im hd. vergröbertem a entspricht: van=von, gewant=gewohnt, Wagram (der Landstrich vom unteren Kamp abwärts), Wachau (das Donautal oberhalb Dürrenstein) von ahd. wâg.
6. au wo es mhd. ou entspricht tönt wie reines a Bam=Baum. Weinhold p. 51. §. 38. „aus ou verengtes ô nach a hin geöffnet.[3])

---

[1]) Der Oesterreicher ist sich der nachlässigen Aussprache des Umlauts des a und â unklar bewusst; wenn er sich daher bemüht, hochdeutsch zu sprechen, namentlich bei der Lecture, senkt er die Stimme, aber dann zu tief: Schlœfe wie Lœwe.
[2]) Weinhold p. 45 §. 33 „aus dem u für o erklären sich die ü für œ," unrichtig, denn man hört nicht ü sondern i.
[3]) mhd. û=nhd. au wird stets correct gesprochen, so dass neuer und alter Diphthong in der Mundart scharf geschieden sind.

7. eu ist der Baier-Oesterreicher ganz unfähig auszusprechen; wo es alten Diphthong vertritt, lautet es ei, wo alten Umlaut, ai: mhd. hiute, nhd. heute, österr. heit'; mhd. diutsch, nhd. deutsch, österr. deitsch; mhd. hiuser, nhd. Häuser, österr. Haiser, mhd. mhd. kriuter, nhd. Kræuter, österr. Kraiter u. v. a. vgl. Schmeller 247. Vereinzelt für altes iu, ie österr. oi fliugen=floigen, friert (mit Wechsel des r und s)=froist; oi häufig in Ortsnamen, aber wohl kaum so zu erklären: Goisern, Langenlois, Loiben, Loiwein, Poisdorf.

Sind diese Beobachtungen auch nicht sämmtlich gemeingiltig, so genügen sie dennoch um die oben behauptete Tonerhöhung im bairisch-österreichischen Dialect zu bestätigen und zu belegen, und bei lautphysiologischer Untersuchung der Mundart wird ihnen und ihren Ursachen ein sorgfältiges Augenmerk zuzuwenden sein.

b) Verdumpfung.

Eine eigentümliche Bemerkung drängt sich bei Zusammenstellung mundartlicher Eigenheiten hinsichtlich der Aussprache auf: jeder Abweichung vom Brauch und Gesetz der Schriftsprache nach irgend einer Richtung steht eine andere nach der entgegengesetzten Richtung ausgleichend zur Seite, als ob es einen Normalstatus, ein Gleichgewicht in der Sprache in lautlicher Beziehung gæbe, das keine Störung erfahren dürfte. So stehen gemiedenen Umlauten unorganische zur Seite, neben der Verkürzung langer Sammsilben begegnet die Verlängerung der wenigen im hd. erhaltenen Kürzen und neben der Tonerhöhnng auch eine Tonsenkung, Verdumpfung, die Einführung eines Lautes in die Silbe, der tiefer ist als der entsprechende hochdeutsche.

Es sind namentlich drei Erscheinungen, die hiefür in Betracht kommen, die aber einen so grossen Teil des Sprachgebietes umfassen, dass sie den oben aufgezählten an Bedeutung jedenfalls nicht nachstehen. Der ganzen nordöstlichen Hälfte des Gebietes der bairisch-österreichischen Mundart ist es eigen nicht umlautfähiges a wie o, â wie ô oder oa zu sprechen; ältere Beispiele in reicher Fülle Weinhold §. 22 p. 37, §. 56 p. 65, für den heutigen Brauch Beleg nicht erforderlich.

oa „ein dumpfes o mit nachschlagendem a" vertritt durchwegs

altes ai und ei ¹) vergl. Weinhold p. 99, dagegen muss ich das dort nach Castelli Wtb. 5 für Viertel ob dem Wiener Walde und ob dem Manhartsberge behauptete oa für altes ou entschieden in Abrede stellen vgl. S. 18. 6. und Note 3. Eine auffällige Wirkung auf voranstehende Vocal, von der auch noch unten die Rede sein wird, äussern die Liquidæ; l verdumpft voranstehendes e und i, dass sie lauten wie ö und ü Schmeller 272 — es ist bekannt, wie die Wiener namentlich sich selbst gerne mit dem Worte Büldung ironisieren —; r und n verdumpfen o zu u²) z. B. Murd, vur etc., über Verdumpfung durch n (Sunn') siehe Schmeller 363; ähnliche Einwirkungen des m prägen sich nicht so deutlich aus.

Bei den Vocalen ist, jo tiefer ihr Grundton gegen u sinkt, desto mehr der Mundcanal verlängert und desto weiter vorne verengt (a offener Mundcanal, i Verengung in der Mitte, u vorne Brücke Grundzüge 19.); es deutet also die Neigung der Mundart für oa, o, u, ü auf Lässigkeit des Sprechers, geringe Neigung, die Mundorgane zu energischer Oeffnung zu zwingen und in sprachrichtige Stellung zu bringen. Der Grund des Einflusses der Liquidae liegt noch nicht klar, doch die Ausnahme die m macht, erhellt aus der zur Hervorbrigung desselben notwendigen Lippenbewegung und der daraus folgenden Abneigung zur Verengerung der Mundöffnung unmittelbar vor Hervorbringung der labialen Liquida.

VI. Nasalierung und Brechung.

Es kann als charakteristisch vor allem für das österreichische Landvolk angesehen werden, dass es die Neigung hat, jeden Vocal zu nasaliéren; namentlich bei langen Vocalen erzeugt nun der nasale Nebenton einen Hall, der beinahe diphthongisch klingt; scheinbare Archaeismen ia, uo, üe erklären sich so; so hört man z. B. Li-abe, Vi-ach; Weinhold p. 91. §. 88, ist sich darüber nicht klar, wenn er auch richtig bemerkt, dass das nachschlagende a nicht ganz entschieden sei; noch weiter fehl geht Sengschmitt a.

---

¹) Ganz so mhd. ei=öster. oa, mhd. î=ei stein=ston', wîn=Wei'. So auch richtig Weinhold §. 97 p. 98, während p. 72 §. 64 unmassgeblichen Gewährsmännern zu viel vertraut ist.

²) Sämmtliche mitunter a zu o, wie schon aus dem obenstehenden folgt: die Verdumpfung des o vor r zu u sollte in der ausführlichen Darstellung der Wirkung des r auf Vocale Weinhold §. 162 nicht mangeln.

a. O. S. 6, den Weinhold citiert, wenn er ein r schreibt: Li‘be; darauf wird sich auch ein gut Teil, der, wenn man Weinhold §. 70. 105. 107. glauben dürfte, erhaltenen uo und ue, wie gu-et oder gu-at, in mundartlich sein sollenden Schriften auch gu-rt, su-ochen, Blü-emerl ü. a. zurückführen lassen. Die Neigung hd. Längen diphthongisch zu sprechen stimmt überein mit der für die bairische Mundart im XII. XIII. Jahrhundert charakteristischen Tendenz î zu ei, û zu au zu verschieben, die bekanntlich auch im hd. durchgedrungen ist und deren volksmässiger Ursprung in der reinen Aussprache der neuen Diphtonge sich zeigt; es ergibt sich nun die Frage, ob nicht auch dieser Process, dessen Ursache bisher unbekannt war, durch Nasalierung oder Versuch der Nasalierung, denn je nach der Stellung des Gaumensegels ist man im Stande die Luft mehr oder minder unbehindert durch die Nase streichen zu lassen, zu erklären ist.

Auch der Zitterlaut r kann nasaliert werden, d. h. bei der sonst für diesen Laut normalen Stellung der Sprachorgaue werden überdies die Stimmbänder zum ¦Mittönen verengt und der Luft der Austritt zur Nase offen gelassen, es entsteht auf diese Weise ein mit den gewöhnlichen Schriftzeichen nicht wiederzugebender Laut, den ich r nasale nenne und mit Zubilfenahme eines von den Dialectologen sonst für eliminierten Nasal angewandten Zeichens bezeichne r̃; der vorstehende Vocal wird aber stets zu ea gebrochen, was an die gotischen Brechungen vor r zu erinnern erlaubt, vgl. Weinhold p. 78 §. 75, wo zwar eine richtige Zusammenstellung von Erscheinungen und Worten gegeben ist, welch letztere aber der Forscher, da er nicht Landeskind war, woraus ihm ja kein Vorwurf gemacht werden kann, nicht auszusprechen, noch weniger aber in Schrift oder Druck wiederzugeben verstand. Solche Worte, die nicht mit blossem n geschrieben werden dürfen, weil das r deutlich vernehmbar ist, sind: schear̃geln (schielen), flear̃schen (fletschen), Hear̃bertrear̃sch (Schimpfwort), Rear̃ken (bei Schmeller Ranken, grosses Stück), Schear̃ken (fehlt bei Schmeller; im Lande Salzburg allgemein üblich=gebogener Schuhnagel, dann der damit beschlagene Bergschuh), spear̃zeln (liebäugeln) u. v. a. Aus Brechung durch r ergibt sich auch ia aus i: miar, diar etc. Weinhold §. 88, ferner ua aus o: duart, Wuart Weinhold §. 106. oa aus â Schmeller 621 nnd möglicher Weise noch einige diphthongisch tönende Laute, worüber zu vergleichen Weinhold p. 12. 114. Die daselbst behauptete brechende Wirkung der dentalen Mutae bin ich festzustellen nicht im Stande; dass h, ch vornehmlich im südwestlichen Teile des bair.-östr. Gebietes gleichfalls vorhergehenden Vocal bricht, ist richtig; ebenso die Entstehung des ea vor m und n aus i und ü, wobei im ersteren Falle wieder der Zitterlaut r mitvibriert, so dass man versucht wäre hd. ihm, ihnen zu schreiben earm, ear͡a.

·Es sind hiemit keine neuen Resultate gewonnen, sondern bekannte Thatsachen unter einen neuen Gesichtspunct gefasst, von dem aus weitere und wichtigere Folgerungen sich vielleicht werden entwickeln lassen.

Fassen wir zusammen, was sich uns bei der Betrachtung des bairisch-österreich. Vocalismus an physiologischen Resultaten mit Sicherheit ergeben hat, so finden wir Abneigung gegen Erzeugung tiefer Töne, aber auch gegen allzuenergischen Wechsel in der Stellung der Sprachorgane zu einander — ein Trägheitsmoment, zu dem noch der Hang zur Nasalierung[1]) tritt: genügendes Materiale für den Völkerpsychologen, um einen in diesem Falle eben nicht schmeichelhaften Schluss auf den Volkscharakter zu thun, denn alle Erscheinungen deuten auf einen gewissen Grad der Indolenz, der sich aber bei lautphysiologischer Untersuchung anderer Mundarten wol gleichfalls herausstellen dürfte.

Eine weitere Frage, die noch der Lösung harrt, die aber kaum aus Quellen geschöpft werden kann, ist die, ob die einzelnen Abweichungen von der rein hd. Aussprache sich durch die Annahme erklären, dass der Stamm zu dieser Aussprache nie gelangt sei oder ob er sie im Laufe der Jahrhunderte verlernt, sie dem speciellen Stammescharakter gemäss gemodelt hat, da ja sicher ist, dass in Folge der Jahrhunderte langen Uebung dem erwachsenen Stammesgenossen die Fähigkeit zur Hervorbringung rein hd. Laute, die er nie geübt

---

[1]) Scherer, sonst eben kein Kenner der lebenden Mundart, bemerkt zur Geschichte d. d. Spr. S. 24 richtig, wenn die Neigung des österreichischen Landvolks, alle Vocale zu nasalieren, feststehe, gehöre das Herabhängen des Gaumensegels mit zu dem sprachlichen Normalstand der Organe, seien also möglicherweise die Muskeln, mittelst derer die Hebung des Gaumensegels bewirkt werde, bei Oesterreichern schwächer entwickelt, als bei Stämmen, welche die Vocale rein articulieren.

hat, absolut mangelt. Aus der Vergleichung ältester Schriftdenkmale mit heutigem Brauch wird wenig zu gewinnen sein; ich bin der Ansicht, dass im Verhältnis des Fortschreitens der Bildung in allen Schichten der Bevölkerung der Lautbestand der Mundart sich dem der Schriftsprache nähert.

VII. Consonanten.

a) Vergröberung und Wolklang.

Was dem Fremden am Oberdeutschen zuerst auffällt, ist die palatale Vergröberung des s im Anlaut vor Consonanten, die sich bei Alamannen und in der südwestlichen Hälfte des bairisch-österreichischen Gebietes wol unter alamannischem Einflusse auch auf den Ausslaut erstreckt. „So sehr hasst der Hochdeutsche das scharfe s am Anfange der Wörter, dass er vor Consonanten lieber ein freilich in seinem Munde ebenfalls weiches sch statt desselben ausspricht, welches nur vor flüssigen, nicht aber vor p und t geschrieben wird." Schmeller 639. Auslautendes s wird im Dialect nur an einsilbigen Wörtern und als neutrale Endung des Adjectivums geduldet, wie denn die Neigung die Flexionssilben zu schwächen und die Auslaute abzuwerfen, allen Volksmundarten eigen ist und deshalb nicht als charakteristisch bezeichnet werden kann; dem bair.-österr. insbesondere eigen ist nur die Nasalierung des auslautenden Vocal nach abgefallenem n Weinhold §. 168, das aber nicht aus m geschwächt sein darf. Die Verwechslung auslautender m und n in Flexionssilben, namentlich in der Schrift ist sehr häufig. Ueber die Neigung der Mundart zu auslautendem r ist bei der Declination die Rede; der beständige Uebergang des r in a bezeugt des ersteren vocalische Natur.

Interessant ist es, die Verwendung einzelner Laute, namentlich Halbvocale, in euphonischer Beziehung zu verfolgen.[1]) Der Dialect duldet keinen Hiatus, der ihm aber auch zu entstehen scheint bei Aufeinanderfolge zweier Mutae. Zwischen Vocalen treten in diesem Falle ein n und r. Schmeller 635. 686. za-n-uns=zu uns, wie-n-i sag' oder wia-r-i sag'=wie ich sage; zwischen mutis s: wie lieb-

---

[1]) „dass der Sprachinstinct das, was er in vielen Gründen aus gutem Grunde thut, in anderen ausserlich ganz ähnlichen ebenfalls, wenn schon ohne denselben thue, liegt im Gange lebender Sprachen." Schmeller 635.

s-tu bist = wie lieb du bist, regelmässig zwischen Formen der II. Person des persönlichen Fürworts und anderen Pronominalformen. Weinhold §. 358; vereinzelt euphonisches t in desstwegen, dessentwegen.

b) Verhältnis der Stummlaute.

Schon Schmeller hat die ungelenke Aussprache der stummen Anlaute nachdrücklich hervorgehoben und die mangelhafte Unterscheidung zwischen Media und Tenuis als „eine dem hochdeutschen eigene Unsicherheit" bezeichnet. Schm. 399. 438. 668. Der Grund dieser Erscheinung liegt in der Abneigung, die Stimmritze zum Mittönen zn verengen, so dass also das charakteristische Kennzeichen der Media abhanden kommt — es entsteht eine tonlose Media,[1]) die wenn auch nicht mit der Energie hervorgebracht wie die der Obersachsen, doch Anlass zur Verwechslung mit der Tenuis bietet. Oost. Perg, Tank.

Die Möglichkeit der Verwechslung wird noch gesteigert durh die reine unaspirierte Aussprache der Tenuis labialis und dentalis im Anlaut, bei denen überdies entsprechend dem wiederhohlt hervorgehobenen Hang zur Indifferenz der Verschluss nicht mit jenem grösseren Nachdrucke gesprengt wird, der unzweifelhaft zur Hervorbringnng der hochdeutschen Tenuis erforderlich ist, so dass der Anlaut in Tochter „weicher" klingt als in Docht, in packen „weicher" als in Backe. Weinhold §§. 121. 124. 140. 145. 175.

Hiebei ward bisher noch keine Rücksicht genommen auf die Guttural-Reihe. In den Alpengegenden, namentlich in der Südosthälfte des Gebietes der bairisch-österreichischen Mundart wird k im Anlaute in der rauhesten Weise aspiriert. Chraut= hd. Kraut, Kchirche= hd. Kirche, was übrigens auch dem alamannischen Dialect eigen scheint. Raumer die Aspiration und die Lautverschiebung S. 44 ff. Wo nun die Tenuis aspiriert gesprochen wird, stellt sich das Gleichgewicht im Haushalte der Sprache wieder her, indem dann die Media tönt: daher rein hd. Aussprache des anlautenden g.

---

[1]) Zur Vermeidung von Misverständnissen muss ich hier bemerken, dass die Gründe die Rudolf v. Raumer Ges. sprachw. Schr. 454 gegen Brücke über die Möglichkeit einer Media ohne Mittönen der Stimmenbänder entwickelt, für mich massgebend sind.

Fassen wir nun ins Auge, dass der Process der Lautverschiebung sich zunächst im Anlaut ausprägte, musste derselbe nicht wesentlich gefördert werden bei Volksstämmen, die ohnedies zur Verwechslung der Anlaute neigen? Rudolf v. Raumer hat, indem er diesen Umstand zur Erklärung der Lautverschiebung und insbesondere des Fortschritts des hochdeutschen Lautsystemes gegenüber den niederdeutschen Sprachen heranzog, einen kühnen Schritt vorwärts gethan. Ueber den Unterschied der harten und weichen Laute S. 459. Die Menge Ausnahmen von der normalen Bahn der Laute, die man gemeinhin geneigt ist, auf „Berührung mit dem niederdeutschen" zurückzuführen, werden grossenteils auch in der wirklichen Aussprache ihren Grund finden und so eröffnet sich also durch Untersuchung der physiologischen Merkmale und Ursachen der bairisch-österreichischen Aussprache der stummen Anlaute vielleicht der Weg zur Erklärung des in seinem Vorschreiten so klaren, in seinen Anlässen so dunklen Processes der Lautverschiebung.

In Beziehung auf die Beurteilung des Volkscharakters lassen sich aus der Erwägung der für die bairisch-österreichische Mundart charakteristischen consonantischen Erscheinungen keine günstigen Schlüsse stehen. Die palatale Vergröberung des s entspricht der vocalischen Verdumpfung; gegenüber der Schriftsprache ist der Dialect dürftig durch das Unvermögen anlautende Tenuis u. Media klar zu scheiden; die Neigung der Älpler zur Aspiration erklärt sich wohl auch aus der durch die Lebensweise, also mittelbar wieder durch die Landesbeschaffenheit, bedingten Entwicklung ihrer Atmungs- und Sprachwerkzeuge; die euphonistische Verwendung der Halbvocale scheint ihren Grund darin zu haben, dass es leichter sein mag, aus der Stellung für Vocal oder Muta in die für Liquida oder Spirans überzugehen, als abermals in die für einen anderen Vocal oder Muta — entspringt also weniger dem Streben nach Wolklang als der allgemeinen Tendenz nach Erleichterung der Aussprache.

Nomen
VIII. Declination des Substantivums.
Genus.

Es ist eine der schwierigsten und dennoch wichtigsten Aufgaben für den Linguisten, die Motive zu erforschen, die in einer Sprache massgebend sein mochten für Verleihung des Genus an alle jene Nomina, die der natürlichen Geschlechtsordnung entbehren; am auffälligsten bleibt Schwanken in einer und derselben Sprache oder Abweichung der Mundart von der Schriftsprache. Wir sind heute noch nicht so vorgeschritten und es liegen uns noch nicht so vollständige Sammlungen derartiger Schwankungen vor, dass wir daran gehen könnten, allgemein giltige Folgerungen ziehen zu wollen. Doch behalten Tabellen, wie sie Schmeller 881. und Weinhold p. 240 ff. zusammengestellt haben, als schätzenswertes Materiale ihren Wert für die Folge. Weinhold hat a. a. o. nicht weniger als anderthalbhundert Wörter aufgezählt, die in der Mundart ein anderes Geschlecht führen als in der Schriftsprache; ich weiss dazu nur wenig beizufügen:

Zu §. 239 hd. neutr. Zeug in der Mundart namentlich in Zusammensetzung Tinten-, Werkzeug u a. beinahe stets masc.

Zu §. 240 das §. 239 von Weinhold nach Schneller 881. behauptete masc. Tuch-End (gemeindeutsches neutr.) wenigstens in Niederösterreich stets fem. — IId. neutr. Gas mundartl. stets fem.

Zu §. 241. das §. 240 als fem. nachgewiesene hd. masc. Zettel im gewöhnlichen Gebrauche neutr.

Bei manchen Worten schwankt der Gebrauch und wie die Schriftsprache durch verschiedenes Genus abweichende Bedeutung ausdrücken kann, so auch die Mundart: Fan'=Fahne, sowol masc. als fem., in der Bedeutung Rausch (ist zu ergänzen Schmeller bair. Wtb. I² 720) nur masc.; Mensch=homo nur masc., in der Bedeutung Magd stets neutr.; ebenso Trank in gemeindeutscher Verwendung masc., als Nahrung der Schweine (so ist einzuschränken Schmeller bair. Wtb. I² 667) neutr. [31]

---

[31] Obwol streng genommen nicht hiehergehörig finde seinen Platz das neutr. sing. Trum (Schmeller bair. Wtb. I² 663) zum hd. plur. tant. Trümmer.

Genetiv.

Wiewol was über die tiefwurzelnde Abneigung der Mundart gegen die Form des Genetivs zu sagen wäre, eigentlich richtiger unter den syntaktischen Bemerkungen seinen Platz fände, ziehe ich es doch vor, hier darüber zu handeln, um mich weiter unten darauf beziehen zu können. Grimm Gram. IV. 588 ist auf das nahe Verhältnis von Gen. und Dativ hingewiesen; das mag die durchgängige Verdrängung der Genetivform durch die dativische erläutern. Die Abneigung des Dialectes gegen den Genetiv äussert sich: 1) in der Umschreibung der Genetivform entweder mittelst der Præp. von oder häufiger mittels des Dativs des best. Artikels und nachfolgendem Possessivpronomen, wodurch sich eine äusserst schleppende aber überaus häufige Form des Ausdruckes ergibt: dem Vater sein Haus= hd. das Haus des Vaters Schmeller 873. 2.) die Præpositionen, die im hd. den Genetiv regieren, mangeln der Mundart völlig oder werden mit anderen Casus verbunden, es sei denn mit dem Gen. der Pron. pers. Schmeller 877 s. u. 3.) der Dialect enthält sich nach Möglichkeit aller Adjectiva und Verba, die den Gen. regieren. 4.) dem Dialect fehlen völlig die adverbialen Genetive (Tags, Flugs u. a.) [1])

Der Spielraum des Dativs, der überdier auch mitunter als Vertreter des Acc. fungiert, ist auf diese Weise ein weit grösserer in der Mundart als in der Schriftsprache; doch hiesse es zu weit gehen, aus der unzweifelhaften und entschiedenen Abneigung gegen den Genetiv eine Neigung für den Dativ folgern oder gar erstere aus letzterer erklären zu wollen.

Starke und schwache Form.

Dass die Mundart die ohnedies geschwächte Flexionssilben völlig abwirft, verrät nur den fortschreitenden Zug der Selbständigkeit, demgemäss die stets stärker betonte Stammsilbe ein derartiges Uebergewicht über die Bildungssilben erlangt, dass letztere erst geschwächt, endlich abgeworfen werden; dass die Mundart hierin der Schriftsprache voraneilt, folgt aus der natürlichen Vernachlässigung des gesprochenen Wortes gegenüber dem geschriebenen. In der bairisch-österreichischen Mundart ist der Acfall des tonlosen e --„das e als Endung des dat. sing., nom. acc. plur. der Sub-

---

[1]) Eine Ausnahme bilden die genetivischen Ortsnamen des nö. Waldviertels: Dietmans, Waldreichs, Siegharts, Reinprechts, Meinharts u. v. a.

stantiva bleibt durchgängig unausgesprochen" Schmeller 221 — wol allgemein, aber nicht charakteristisch anderen Mundarten gegenüber. Ob wirklich die Aussprache der Zillerthaler dieses -e noch wahre, Schmeller 795, erscheint mehr als fraglich; ich habe es dort nicht gehört und die neueren Tiroler Dialecteologen erwähnen dieser Eigenheit nirgends.

Die sogenannte schwache Form in -n hat mächtig überwuchert; nicht nur behaupten die Feminina, die mhd. in den cas. obl. des Sing. und im ganzen Plur. schwach gehen, die schwache Form, das -n hat sogar den Nom. Sing. ergriffen: die Zungen, die Nasen, und zahlreiche masculine Stämme auf -r (an Habern, 'n Vatern,) Schmeller 8·10. und die neutr. Demunitiva auf -el Schmeller 801. werden in Eolge falscher Formübertragung (Scherer zur Gesch. d. d. Spr. Seite 177.) gleichfalls schwach flectiert.

Für die starke Declination ist höchst charakteristisch die Neigung für auslautendes r. Diese eigentlich neutrale Endung benutzen nicht nur viele Neutra, die dann umlauten (Rösser, Orter u. a), auch Masc. erhalten dieselben wie in der Schriftsprache und in ausgedehnterem Masse also Stoaner (Steine), Bamer (Bäume); da nun die auslautende Silbe -er nach der halbvocalischen Natur des r wie a klingt (jedoch deutlicher im nordöstlichen Teile), vernimmt man Stoana, Bama, Buama (Buben) und ähnliche. Diese Neigung für den Auslaut r hat bei allen deutschen Stämmen nur eine einzige Paralelle in der altnordischen Sprache. [1])

IX. Die übrigen Nomina.

Vor allem ist in Anschluss an das, was oben über Abwurf des tonlosen -e gesagt ist, zu bemerken, dass dies keine Anwendung findet, wo dieses -e mhd. iu entspricht. Der interessanten Bemerkung Schmellers 231. 232., dass das Landvolk an der Nab, dann zwischen Lech und Inn die neutrale Pluralendung in der Aussprache noch scheide, so dass die Antwort auf die Frage, wie viele Ochsen? zwar etwa laute fimf, aber auf die Frage wie viele

---

[1]) Ohne eine weitere Folgerung daran knüpfen zu wollen, bemerke ich nur um zu zeigen, wie sonderbar sich um Jahrhunderte entlegene Formen gleichen können: der anomale Plural von alten kû (vacca) Kýr, Grimm Gram. I. 664. Gesch. I. 32. lautet genau ebenso wie der bair.-öst. Plural desselben Worts, das das einzige Femininum ist, welches auch den Plural in -r bildet: Sing. d'ku, plur. d'k ü r', was zu dem ahd. plur. chuowi herzlich schlecht stimmt.

Pferde? fimf-e, habe ich beizufügen, dass in Niederösterreich zwar sogar die Endung -es des Nom. Sing. Neutr. abfällt, so dass man sagt a gross' Haus (aber a gut's Mädel), das -e des Nom. Sing. Fem. dagegen stets erhalten bleibt, manchmal sogar wie ein deutliches, trübes i (Schmellers i vor liquidis, also beinahe hd. ü) zu hören ist: a gross-i Frau; als eine Wirkung „falscher Analogie" erscheint es, wenn dann auch das -e des Acc. Sing. in der Regel erhalten bleibt: gute Nacht oder gar i-ähnlich lautet: gudi Nacht. Im prædicativen Gebrauch, wo die Schriftsprache längst jede Flexion aufgegeben, zeigt das Adjectivum in der Mundart mitunter noch die starke Form z. B. si ham 'n toten (als an toten) 'bracht = sie haben ihn todt gebracht; er geht krumper daher = er geht krumm (einher).

Zum Artikel sei beiläufig bemerkt, dass er in den hochdeutschen Mundarten zu allen Eigennamen mit Ausnahme der Ortsnamen tritt, worüber zu vergleichen Schmeller 752. und vornehmlich Grimm Gramm. IV. 420.

Der Abschnitt über das Pronomen ist diejenige Partie der Schmeller'schen Grammatik der bairischen Mundarten, die vielleicht die sorgsamste Durcharbeitung erfahren hat und die wenigsten Ergänzungen zulässt. Das wichtigste sind die bekannten dualen Formen mit pluraler Bedeutung für die 2. Person: es, enger, eng, eng. Die Dual des persönlichen Fürworts ist bekanntlich im ahd. nicht mehr nachweisbar, wenn sich auch erraten lässt, wie er lauten müsste (2 pers.: iz, inchar, inch, inch); es ist daher notwendig zur Erklärung dieser Formen auf gotisch: jut?, ïgqvara, ïgqvis, igqvis und das Possesivum igqvar zurückzugehen. (Grimm. Gramm. I. 781. 783.) Es ist nicht zulässig, aus der Erhaltung dieser Formen, von denen ungewiss bleibt, wann sie pluralische Bedeutung angenommen haben, schon einen unmittelbaren Zusammenhang zwischen Baiern und Gothen folgern zu wollen, da ja die Möglichkeit nicht ausgeschlossen wäre, dass wir in denselben Reste eines noch höheren Altertums, einen verbröckelten Ueberrest aus germanischer Urzeit hätten; doch lässt sich die eine Annahme ebensowenig beweisen als die andere; unbestritten bleibt nur das hohe Alter dieser Formen und auffällig immerhin, dass von allen oberdeutschen Stämmen gerade der dieselben bewahrt hat, bei dem manches andre noch wahrscheinlich macht, dass gothisches Blut in seinen Adern rollt.

In der dritten Person und im Plural ist reichlich consonantische Brechung durchgedrungen und hat Formen erzeugt wie dat. sing. ear˙m=ihm, acc. sing. ear˙n=ihn, dat. plur. ear˙nen=ihnen, welch letzterer häufig auch die Stelle des Acc. Plur. vertritt.[1]) Als charakteristisch ist daran zu reihen das Possesivum des Plurals ear˙ner=in ir=ihr zum Unterschied vom Poss. des Sing.Fem. ihr, welche beide die Schriftsprache nicht zu scheiden vermag. Schmeller 744 hat hervorgehoben, wie diese Form auf demselben Princip beruhe, wie die übliche Umschreibung des Genetivs durch den Dativ und Possesivum; Weinhold, sonst sehr breit, ist §. 362 eswas rasch an diesen Formen vorübergegangen.

Die Demonstrativa dieser und jener, dann das Relativum, welcher mangeln der Mundart; anstatt des Dem. solcher ist gebräuchlich so ein; dem Landmann ist überdies geläufig derselbige d˙rsöl' (dsel, erklärt auch einige von Schmeller 749 in Frage gelassene Formen.)

In den nördlichen Grenzstrichen zeigt sich fremder Einfluss, gegen Franken zu Verwendung des reciproken sich für die 1. Person Plur.; bei den Deutschmährern der streckenweise auch nach Niederösterreich gedrungene hässliche Gebrauch, das Relativum was für den Nom. und Acc. aller Genera und Numeri zu verwenden.

---

[1]) Namentlich in der gang und gäben Geleitformel b'fürt' ea˙a God! (behüte sie Gott), falsch gedeutet von Much in seiner wiederholt citierten Abhandlung S. 131 von einem fabelhaften mhd. vüerten = fördern, während doch die Assimilation des b und nach ausgefallenem e zu bf (man denke an altarisch v aus bh) ebensowenig anffallendes hat als etwa der Abfall der Flexion.

Verbum.

X. Grundformen.

Die Geschichte unserer Sprache lässt erkennen, wie ihr eigentlicher Stamm, ihr Kern und Mark, die starken Zeitwörter, von denen immer neue Derivativa entspringen und ein ungeahnter, unübersehbarer Wortschatz sich bildet, auf eine immer geringere Zahl zusammenschrumpfen. Im bairisch-österreichischen Dialect ward das Ueberwuchern der schwachen Conjugation wesentlich gefördert durch die Abneigung gegen die schönste Form der deutschen Sprache, das starke Præteritum. Es ist bekannt, dass die Mundart den Indicativ des starken Præteritums mit alleiniger Ausnahme des Verb. subst. war, durchaus meidet;[1]) den Conjunctiv vermag sie auf dreifache Weise auszudrücken: a) durch die regelmässige, bei umlautfähigen umgelautete Form: i' trüg', i' derfrör', i gieng'; nur die Verba der X. und XII. Classe dulden den Umlaut nicht, so dass scheinbar der Indicativ die Stelle des Conjunctivs vertritt i' gâb'=ich gæbe, i' nâm'=ich næhme; die XII. zeigt mitunter aus dem Plural gedrungenes reines u: i' bund'=ich bünde; analog aus der VII. i' stund = ich stünde. — b) in Folge „falscher Analogie"[2]) wird von dem Praesensstamm eine schwache Form natürlich ohne Ablaut gebildet: i' traget', frieret', gehet', gebet', nemet' etc , was wie Weinhold §. 323 richtig bemerkt, einem Uebertritt in die schwache Conjugation gleichzuachten ist. Merkwürdigerweise wird aber das charakteristische Suffix der schwachen auch an die Formen der starken Conj. angefügt, was Weinhold a. a. O. irrig für den häufigeren Gebrauch zu halten scheint, so dass Formen entstehen, wie: i' trüget', i' gienget' u. a., förmliche Mischlinge;

---

[1]) Weinhold meint seit dem 17. Jahrhundert; worauf er seine Ansicht gründet, bleibt dunkel; ich halte die Abneigung für älter: die schwache Form ist die sinnlichere. — Mit dem Præs. mangelt auch das Plusp. pf., das dem Mährer sofort dem Schlesier verrät.

[2]) „Es wäre sehr verdienstlich, wenn Jemand solches Aufdrängen, solche Formübertragung oder Wirkung der „falschen Analogie" einmal im allgemeinsten Zusammenhange erörterte und namentlich die Einschränkungen festzustellen suchte, innerhalb derer dieser Vorgang sich halten muss." Scherer. Zur Gesch. d. d. Spr. 177.

dieselben sind übrigens nur als Uebergangsformen anzusehen, die den Uebertritt von der starken in die schwache Conjugation vermitteln. — c) Mittelst der Hilfsverba werden, mögen und thun; namentlich das letztere wird am häufigsten angewandt (alle Formen des Auxiliare thun mit Ausnahme des Sing. Ind. Præs. lauten mit reinem a, dessen Kürze gegen die hd. Länge grell absticht); also selten i' wurd' gehen, eher i' möcht' gehen, am häufigsten i' that' gehen.

Jedoch wird deshalb der Uebertritt in die schwache Conj. nicht völlig durchgeführt; das Participium Passivi bewahrt die starke Form mit zäher Treue, wenngleich die Præterita einzelner Classen, so der VII. (ausg. tragen), der IX. (ausg. frieren und giessen) fast ganz erstorben sind. Schmeller 962 hat eine Reihe von Zeitwörtern aufgeführt, bei denen das Part. II. starke und schwache Form weist, dieselben bedürfen jedoch mit Rücksicht auf transitiven und intransitiven Gebrauch einer Revision; die gewöhnlich schwach vorkommenden sind nur folgende: g'fangt, g'haut (immer), g'ruft, g'west, 'drescht, g'melkt, besinnt; dann scheinbar Stämme in -t, die jede Ableitungssilbe abwerfen: 'brat', g'fecht' u. a. Ungleich häufiger wahrt der Dialect die altertümliche starke Form vgl. Schmeller 950, wo aus den angeführten seltenen Beispielen das häufige gewalzen und gezunden herauszuheben, verbrunnen und geforchten beizufügen ist. Charakteristisch ist der Gebrauch dieser Formen für den obderennsischen Traungau. Für Tirol hat Fälle solcher Formübertragung (starke Præterita von sagen, fragen— ist bekanntlich auch in die Schriftsprache gedrungen—, jagen, machen) nachgewiesen Jos. Tobler bei Frommann III. 453.

Von Einzelheiten sei bemerkt: laufen bildet immer das Part. g'loffen, Weinhold §. 277; das Verbum hangen ist gänzlich durch das factitive hängen verdrängt, das hin und wieder des Umlauts entbehrt, so dass scheinbar Formen von hangen auftauchen; gehen bilden arch. den Imperativ gang; kommen mitunter das part. kemmen.

Das Participium II. kann ohne Rücksicht auf starke oder schwa;¬ che Form die Vorsilbe ge-, das Augment, wie manchmal die Bezeich¬ nung lautet, (Vorling. schlägt ungeschickt Tobler bei Frommann II. 240. vor) abwerfen. Schmeller's Erklärung 214. 401. 405. nach 46. Ausfall des e könne das g vor „Schlaglauten" nicht gesprochen werden, ist unzutreffend, da das ja doch nur vor den Consonanten der Gutturalreihe der Fall wäre und sonst g'baut, was nicht vorkommt, mindestens ebenso leicht auszusprechen wäre als g'funden. Es ist mir gelungen, die Regel des Abfalls ausfindig zu machen: die Vorsilbe ge—fällt aus vor jeder Media und Tenuis und vor der Aspirata z, bleibt jedoch vor allen Halbvocalen, f und h, oder mit anderen Worten: vor allen Lauten, welche aus der zweiten Lautverschiebung hervorgegangen sind, wirft das Part. Pf. Pass. in bairisch-österreichischer Mundart das Augment ab; also: 'baut, 'passt,' 'dampft, 'trunken, 'zankt, 'gangen, 'kert; hingegen g'lacht, g'macht, g'numa (nehmen), g'rafft (raufen), g'sunga, g'schimpft, g'waschen, g'jodelt, g'funden, g'haut

XI. Flexion.

a) Allgemeines.

Allgemein bekannt ist, dass 2. und 3. Sing. Præs. den Umlaut meidet also tragst, stosst u. a., während der Conj. Præt. nur den Umlaut des â ablehnt; diese Abneigung gegen ae tritt auch zu Tage bei einigen schwachen Zeitwörtern, die â annehmen, so dass sie beinahe rückumlautend erschienen, wenn nicht die Præsensformen, die gleichfalls des Umlauts entbehren, Aufklärung böten: drehen, krähen, mähen, nähen, wehen ('draht, 'kraht, g'maht, g'naht, g'waht) vgl. Grimm. Gramm. I. 989.[1])

Die 1. Præs. wahrt die ungebrochene Form: i' gib', nimm', sich', kimm'. Zum letzten Verbum ist zu bemerken, dass auch sonst die hd. durchgedrungene Vergröberung kommen (nur in der Umgebung der Stadt i' kum, bin 'kuma) abgelehnt wird und sich die Formen des mhd. quëmen erhalten: Præs. kim', kimst, kimt, këmen, kemts, kement; inf. këmen; Præs. Conj. kâm, Part. Pf. 'këmen (falsche Analogie); Weinhold pag. 40. §. 25. Note hat zwar dagegen bemerkt „das Ptc. und Subst. (Nachkommen! existiert im Munde des Volkes gar nicht) hindern auf ë in chwëman zurückzugehen," aber schon der Sing. des Ind. Præs. hätte ihn belehren müssen.

Den Grund der Bewahrung der ungebrochenen und ungetrübten Präsensformen sehe ich im frühen Ausfall der Bindevocale, die zwar geschwächt ihre Fähigkeit zu brechen und um-

---

[1]) Dagegen in Niederösterreich: part. II. 'denkt von denken.

zulauten nicht einbüssen, im lebendigen Brauche des Volks aber wahrscheinlich schon abgeworfen wurden, bevor noch irgend eine Form ihren Einflüssen unterlegen war. Das Landvolk erhält mitunter die alte Endung der 3. plur. -ent (besonders häufig hant = habent); doch darf damit nicht vermengt werden die dialectische Metathesis bei den Verbis in -nen: regent, segent, begegent, jausent etc. für regnet u. s. f

b) 2. Plur. in —ts.

Dass seiner heimatlichen Rede das starke Præteritum fremd ist, weiss der Oesterreicher, und wenn er hochdeutsch sprechen will, eignet er sich ohne Schwierigkeit diese Form an; aber selbst dem Städter wird es schwer und im vertraulichen Gespräch sicherlich unmöglich, eine andere hervortretende und unterscheidende Eigentümlichkeit des Dialects zu überwinden, den Ausgang der 2. Person Pluralis in -ts, gleichviel ob nun des Landmanns „es" oder des Städters „ihr" vorangeht.

Das Verdienst, diese charakteristischen Formen der gebührenden Würdigung unterzogen zu haben, gebührt Schmeller 910. γ., doch kann ihm nicht nachgerühmt werden, dass er in der Erklärung derselben glücklich gewesen wäre; sogar Jacob Grimm hat sich wiederholt in diesem Puncte gegen ihn gewandt.

Constatieren wir zuerst, dass die Anwendung dieser charakteristischen Formen eine allgemeine ist, auch solchen anhaftet, die die dualen Formen des Pronomens als roh verschmähen würden; ferner dass die dürftigen Beispiele Schmellers a. a. O., durch welche er erweisen will, dass bei vorangehendem es die Form wie hochd. in -t auslaute also: gebts, aber es gebt, dem gemeinen Brauche geradezu zuwiderlaufen und, hervorgeholt aus höchst unzuverlässigen Quellen des XV. Jahrhunderts und Schriften des XVIII., die dem Schein der Mundart ausweichen möchten, nichts beweisen.

Darauf gestützt haben nun Schmeller und nach ihm Weinhold §. 284 dafür plaidiert, dass diese Endung -ts zu erklären sei durch Suffigierung des Pron. es und die Form überhaupt erst „einige Menschenalter alt", da sie früher nicht nachweisbar sei. Nachweisbar freilich nicht, weil jeder Schriftsteller früherer Zeit den Dialect nur unbewusst anwendet und die dialectische Form dort tilgt, wo ihm ihr Gegensatz zur Schriftsprache auffällt, was nirgends leichter sein mochte, als bei dieser verbalen Flexionsform

Oder hält jemand die dualen Formen des Pronomen für eine Neuschöpfung, weil sie vor dem XIV. Jahrhundert in den Schriftdenkmälern nicht vorkommen?[1]) Läugnet deshalb jemand ihr hohes Alter? Oder ist es sonst irgendwo vorgekommen, dass im neuhochdeutschen Zeitraum eine Mundart die Suffigierung eines Pronomens an die verbale Flexion zu einem unlöslichen Ganzen vornahm, so dass flugs die neue Form Kennzeichen des Dialects, Stammeseigentümlichkeit ward? Erscheint es nicht geradezu lächerlich, wenn Weinhold als Beleg zweimal (S. 291. 967.) denselben schlesischen Poëten des XVII. Jahrhunderts anführt, der schreibt: ös wollt, was hervorzubringen sich eine österreichische Zunge Gewalt anthun muss?

Eine Neigung Pronomina verbalen Formen zu sufligieren und das Vorkommen der hd. Flexion -t nach dem Pronomen es muss in entschiedenster Weise in Abrede gestellt werden.

Schmeller hat jedoch eingeräumt, dass ihm Anfangs die Beziehung auf die gothische Dualendung -ts nahegelegen schien und gibt zu, dass das „ostlechische" ß in habts, suchts geradeso gebildet sei wie in des Ulfilas habaits, sokjats, entscheidet sich aber in der besprochenen, unhaltbaren Weise. Jacob Grimm hat Gramm. I. 1050. die Ansicht Schmellers ausdrücklich abgewiesen, selbst unter der Voraussetzung, dass bei vorgesetztem Pronomen es das s der Flexion abfiele, was unrichtig ist; seine Gründe waren damals (1822), dass keine deutsche Mundart für 2. Plur. ein Suffix s kenne und dass die Schreibung ts nur ein aus gothischem t verschobenes z ausdrücke; diese letztere Ansicht hat er geändert in der Gesch. d. d. Spr. II. 969: „in solchem gebts sehe ich geradezu das goth. gibats, und wie in diesem das ts keiner Lautverschiebung unterlag, dauert es bis auf heute"[2]) a. a. O. 974. „vom

---

[1]) Weinhold §. 358.: „ein Hauptvorzug und Merkmal des bairischen Dialects sind die dualen Formem. Leider haben wir bis zum Ende des XIII. Jahrhunderts keine Belege dafür, obschon sie natürlich in lebendiger Volksrede bestanden haben müssen." Die verbale Dualform soll aber nicht haben ohne Aufzeichnung existieren können?! Man sieht Weinhold schlägt sich in dieser Frage selbst, so souverain er dieselbe dann §. 867 abthut.—Wie wenig er selbst mit der „lebendigen Volksrede" vertraut ist, beweist beim Verbum am besten die Ignorierung des auxiliaren, oft rein adverbialen ge‐ Schmeller 978, das für den Oberösterreicher so bezeichnend ist und Weinhold §. 251. seinen angemessenen Platz finde.

[2]) Darnach wäre im Abdruck der Grammatik durch Scherer zu berichtigen gewesen II. 964.

verbalen -ts ist das ös unabhängig, wie auch beide verschiedenen Ursprung haben, da fressts goth. fraïtats, ös goth. jut lautet und ich kann Schmeller nicht beipflichten, der sie S. 190. 313. gleich stellt." Dagegen weiss Weinhold §. 284. nicht nur keinen stichhältigen, sondern überhaupt gar keinen Grund vorzubringen, behandelt aber die Frage als im Sinne Schmellers abgethan

Ich bin mit Grimm der Ueberzeugung, dass dieses für die bairisch-öster. Mundart charakteristische -ts der 2. Plur. nichts anderes ist als die alte gothische Dualform, die ebenso wie der pronominale Dual, die regelmässige Pluralform völlig verdrängt hat. Ein unmittelbarer Zusammenhang der Baiern und Gothen ergibt sich daraus nicht notwendig; es gilt was oben beim Pronomen bemerkt wurde, derselbe wird nur noch wahrscheinlicher.

XII. Præpositionen.

Eine Anzahl Præpositionen, die den Genetiv oder Accusativ regieren, werden mit dem Dativ angewandt: unweit, wegen (dringt leider bereits in die Schriftsprache), während (währendem=bd. unterdessen), ohne (ohnedem=bd. ohnedies), ausgenommen es folgt das Pron. pers., für dessen Genetiv im Gegensatz zu dem aller übrigen Nomina die Mundart ausgesprochene Neigung besitzt, so dass mit dem Genetiv des persönlichen Fürworts auftreten: gegen ohne, zwischen, hinter, nach, neben, ober, unter. Schmeller 877.

Mit, bei und vor dagegen finden sich nur zu häufig mit dem Acc. statt des Dat. construiert.

Von in der Aussprache zu van erhöht hat im Dialect hochaltertümlichen Klang.

Abweichende Bedeutung besitzt auf in der Bedeutung nach, ohne den Nebenbegriff des Aufwärtsschreitens (auf Stoa˙ ge'=nach Stein gehen); rein mundartlich steht es für an in der Verbindung: auf etwas denken; stehend ist die Verbindung: zu Haus' gehn= nach Hause gehen, zurückzuführen auf Ausfall des best. Artikels; after, das niederdeutsche Idiome als Präposition bewahren, hat sich nur als Adverbium = nachher und in Zusammensetzungen (Aftermiete) erhalten.

XIII. Syntaktische Bemerkungen.[1]

In den vorstehenden Paragraphen ist beim jeweiligen Redeteil mitunter auch Rücksicht genommen auf seine syntaktische Verwendung; es handelt sich also zunächst nur um einige recapitulierende Notizen.

Charakteristisch ist die oben S. 23. besprochene Abneigung gegen den Genetiv, die nicht nur die Umschreibung der Form zu Folge hat, sondern auch falsche Rection der Præpositionen und Verbindung jener Verba, die den Genetiv regieren, mit Verhältnisobjecten: auf etwas vergessen; sich auf jemand erinnern (besinnen); von irgend einer Sache enthalten, erwähnen; um etwas annehmen; über etwas spotten; um etwas berauben; die übrigen Verba, die in der Schriftsprache den Gen. regieren, haben in der Mundart, soferne sie ihrer Natur nach transitiv sein können, den Accusativ bei sich.

Schon besprochen ist die Eigentümlichkeit, Eigennamen mit Ausschluss der Ortsnamen den bestimmten Artikel vorzusetzen. Grimm. Gramm. IV. 420., der auch vor „titelhaften Appellativen" vor Eigennamen stets gesetzt wird: der König Ludwig.

Ueber das prædicative Adjectiv s. o. S. 29.

Eigenthümlich ist die inchoative Verwendung des sonst ungebräuchlichen Part. Präs.: raufet werden u. a.

---

[1] Auf Wortbildung, über die Weinhold S. 201 — 251 ausführlich handelt, einzugehen und wozu reiches Materiale in den einzelnen Bänden der Frommanischen Zeitschrift zerstreut ist, lag nicht in meiner Absicht; man hat die Vollendung der 2. Ausgabe des Wörterbuches abzuwarten. In Bezug auf die daselbst hervorgehobenen Bildungssilben sei bemerkt, dass die Deminutivendung -erl (Kinderl, Mauserl) sich nicht erklären lässt, wie wie Schmeller 569. wollte, und dass sie auch von Weinhold als charakteristisch anerkannt wird.

Die Endung -et entsteht teils nach Abwurf des ch aus hd icht Weinhold §. 206.: buklet = buklicht oder nach Auswurf des n aus der Participialendung -end: schear'glet = schear'gend (schielend); und wird dann auch vielfach zur Bildung anderer, recht eigentlich volkstümlicher Ausdrücke verwandt: kraupet (zaunig Schmeller Wtb. I.² 1877 ungenügend erklärt), patschet (hd. patzen errare Schmeller Wtb. 1.² 415. vermengt mit paschen plaudere), punket (globosus) u. v. a. vgl. übrigens nicht immer übereinstimmend Schmeller 235. 519. 1032.

Eigentümlich verwandt wird manchesmal auch die hd. Ableitungssilbe -ing: Der Vierting = das Viertelpfund, Balling werfen = Ball spielen.

Ueber die Partikel der- vgl. Schmeller 1095. Weinhold § 234. 10.

Die pluralen Formen des Imperativs gelangen selten zur Anwendung; wo es sich um rasche Ausführung oder Befehl an Massen handelt, wird sicherlich der Infinitiv für den Imperativ angewandt, ebenso bei dringender Bitte.

Die schlichte Rede des Volkes begnügt sich mit einfachen Sätzen; kunstvolle Perioden zu bauen ist nicht jedermanns Sache; das hat zur Folge, dass die Mundart dem Conjunctiv des Präsens, der nur in der Abstraction angewandt wird, die sich aus dem Verhältnis der einzelnen Glieder der Periode ergibt, ausweicht. Bemerkt sei die Eigenheit, Zeit- und Ortsbestimmungen aus dem Nebensatz in den Hauptsatz zu ziehen, was das Verständnis der Rede nicht eben erleichtert; endlich die Vertretung von Causalsätzen durch Aussagesätze mit der Conj. daß.

Resultate.

Fassen wir zusammen, was sich uns an charakteristischen Eigenheiten des Dialects ergeben hat, so erhalten wir abgesehen natürlich von den der Mundart eigenen Wörtern, die der lexicalischen und etymologischen Forschung anheimfallen, folgende Punkte:

1. Die abweichende Quantität der Stammsilben.
2. Die Abneigung gegen den Umlaut des a und å.
3. Die Erscheinungen der Tonerhöhung.
4. Die Verdumpfung des a und Vergröberung des s.
5. Die Neigung zur Nasalierung (r nasale) und Diphthongierung.
6. Die consonantische Brechung.
7. Die unklare Aussprache der stummen Anlaute und der Abfall des Augments vor den Lauten der zweiten Verschiebung.
8. Die Abneigung gegen den Genetiv, seine Form und Anwendung.
9. Die Neigung für den Flexionsausgang in —r.
10. Die dualen Formen für die zweite Person des Pronomens und Verbums.
11. Der Mangel des Ind. des starken Praeteritums.
12. Die Deminutivendung -erl, die Adjectivendung -et und die Verbalpartikel der-.

Nicht jedes einzelne dieser Kennzeichen ist auch ein unterscheidendes; manches mag die Mundart mit andren gemein haben, manches vom Nachbar entlehnt, wiewol sie sich von der zweiten oberdeutschen Mundart, der alamanischen, die man so gerne als nächste Verwandte betrachtet, deutlich abhebt; erst die Summe dieser Merkmale, das Eintreffen aller oder doch der meisten, kennzeichnet die Mundart als solche. Versuchen wir aus der Mundart zu lernen, welche Umgestaltungen der Schriftsprache bevorstehen, indem im Laufe der Zeit der Ausdruck des Volkes zuerst in die Sprache der gebildeten Kreise und von da in die Literatur eindringt, so ergibt sich zuerst der Verlust jeder Flexion für das Substantivum (man denke an die englische Sprache): nur die Ausgänge in —n und —r wahrt der Dialect noch, —s und —e duldet er nicht: Tag kann sechs Casus ausdrucken, Nom., Dat.,

Acc. Sing. und Plur., der Gen. wird umschrieben. Ebenso droht der Schriftsprache der Verlust des Umlauts und der starken Verbalformen; doch lässt sich andrerseits feststellen, dass sich von allen umgelauteten Formen der Comparativ der Adjectiva, vom starken Zeitwort das II. Particip., dieser letzte Passivrest, am zähesten behaupten werden.

Erlaubt uns so die Mundart allgemein gehaltene Schlüsse für die Zukunft des sprachlichen Lebens zu thun, so geben uns einzelne Archæismen — die dualen Formen, Worte wie Halter, Zand u. a. — wichtige Hilfsmittel der historischen Forschung; wir werden aufgeklärt über die Vergangenheit und geschichtliche Stellung des Stammes.

Inwieferne die Mundart, namentlich die Aussprache, zur Erklärung allgemeiner Processe herbeigezogen werden kann, hat sich im Verlaufe der Untersuchung wiederholt gezeigt. —

Die reichsten und sichersten Aufschlüsse, die der Geschichte und Sprachwissenschaft noch werden können, bietet die Mundart; sie ist eine zuverlässigere Quelle als Brauch und Glaube und in dieser Hinsicht möchte ich gerne Anregung geboten haben zu einer eingehenderen Erörterung des Zusammenhanges zwischen Baiern und Gothen, den man bisher auf Zeuß sonst hochzuachtender Forschung fussend allzuleichtgläubig verworfen hat.

Wer mitbringt Sinn und Verständnis für das oft derbe, oft aber rührend herzliche Wesen des Volkes, wer seinen Charakter kennen lernen will, ohne sich mit abstracten Phrasen zu begnügen, der vertiefe sich in die Mundart desselben: da quillt ihm, wie aus einem hundertjährigen, knorrigen Baume der Saft, ein Born schlichter Treue entgegen; und wenn hinwieder der Dialect geringere geistige Anlage oder Ausbildung erweist, mag das für die Besten ein Sporn sein zur Erinnerung an die Pflichten gegen ihr Volk.

Die nächste und notwendigste Aufgabe ist die lautphysiologische Untersuchung des Dialects, welche vielleicht die überraschendsten und weittragendsten Aufschlüsse für die Geschichte der Sprache geben kann: eine neue Ausgabe der Schmeller'schen Grammatik in Beschränkung auf die bairisch-österreichische Mundart mit einer auf physiologishe Untersuchung gegründeten Lautlehre, wenn dieselbe auch nicht mehr böte, als eine phonetische Transcription der Laute nach Brücke's System, würde ihren Platz neben den bedeutendsten Werken der Grammatik behaupten. Zweck der vorliegenden Untersuchung war es, das grösstenteils bereits von andren gebotene Materiale, sorgfältig ergänzt und gesichtet, nach den Gesichtspuncten anzuordnen, von denen auch die physiologische Kritik ausgehen müsste.

Es sind in der That keine geringen Anforderungen, die an den herantreten, der sich der mühevollen, aber notwendigen und erspriesslichen Untersuchung der Laute der deutschen Mundarten in physiologischer Beziehung unterziehen soll. Das Wesen der Sprache soll ihm vertraut sein; er soll ein warmes Herz besitzen für sein Volk, damit er die Eigenheiten desselben nicht misachte und richtig beurteile, ein vorurteilsfreier Mann von unbestechlichem Urteil; wollte er von seiner Arbeit vollen Erfolg, so müssen ihm Physiologie und Akustik gerade so vertraut sein, wie Linguistik und Geschichte; von dem Auftreten eines solchen Mannes freilich würden wir eine neue Epoche zählen in der Entwickelung der deutschen Sprachwissenschaft.

Anhang.

Die Alliteration in der Mundart
(mit Proben alliterierender Kinderlieder.)

Wie tief die hergebrachte Redeweise im Geiste des Volkes wurzelt und wie treu sein Mund an der altüberlieferten Form hält, zeigt sich vielleicht nirgends deutlicher als im Gebrauche des Stabreims. So unfruchtbar sich alle Bemühungen erwiesen haben, die Alliteration den Zwecken und Formen der modernen Poësie dienstbar zu machen (Jordans Nibelunge), dieselbe in der Schriftsprache neu zu beleben (Freytags Ingo), indem gerade was den Leser anheimeln soll ihm fremdartig erscheint, so zäh erhält sie sich im unbewussten Sprachgebrauch des Landmanns.

Dreierlei Anwendung der Alliteration kommt zu unterscheiden: in Formeln, in Zusammensetzungen und im Liede.

Den alliterierenden Formeln, wie sie bei Grimm. Rechtsalt. 6 ff. aufgezählt sind, weiss ich nur sehr wenig mundartliches beizufügen: in Urkunden Maximilians I. steht neben der auch in Briefen des XVI. Jahrhunderts stereotypen hd. Anrede: gunsten und gnaden häufig die Verbindung zunffte und zechen; statt des hd. über Stock und Stein sagt der öst. Landmann über Stock und Stauden; im tirolischen Gebirg ist der Ausdruck g'sinnt und g'sotten gebräuchlich; dann die Redensart festhalten wie Hanf und Harz; um und auf=hd. eins und alles; die alte Vehmformel gras grein (Etsdorf bei Krems) in ungefähr gleicher Bedeutung mit dem vorstehenden ward schon oben S. 6 angeführt.

Alliterierende Zusammensetzungen, wie sie der Schriftsprache eigen sind, werden im Volksmund zur Steigerung des Begriffes mit Vorliebe gebraucht und Namen, Schimpfworte und Adjectiva in dieser Form gebildet. Solcher Namen sind: Babenberg, Willeweis (Tiroler Fee Zingerle.); Schimpfworte: Büttelböm', Dalkendüppel, Prügelprofos u. a.; Adjectiva: bockboanig, lahmlaket (Schmeller bair. Wtb. I.² 1471. gehört aber nicht zu leim sondern zu lahm), wacherlwarm, wurzweg, wie die auch hd. blitzblau, goldgelb, grasgrün, lendenlahm, lichterloh, windelweich u. a. Es sind durchwegs grobsinnliche Vorstellungen, äussere Eindrücke, die durch diese Alliterationen anschaulich gemacht werden; die ablautenden Reduplicationen der Schriftsprache wie Griesgram, Klinglang, Wirrwar, Zickzack (mundartlich in Liedern wiwasgarn, wawasgarn u. a.) machen es wahrscheinlich, dass auch die verbale Reduplication in dieser Anschauungs- und Ausdrucksweise ihren Grund hat und das Ergebnis dieser Zusammenstellung ist demnach die Erklärung der Alliteration als Ausdruck der Intensität eines Verhältnisses, des Eindrucks, der durch eine sinnliche Wahrnehmung—Adjectivum—oder die längere Dauer einer Erscheinung — Prætcritum — hervorgerufen wird.

Lehrreicher und fesselnder ist die Anwendung des Stabreimes im Volkslied vornehmlich im Kindermund. Im folgenden ist an erster Stelle ein Lied gegeben, das zuerst gedruckt ist bei Landsteiner Reste des Heidenglaubens in Sagen und Gebräuchen des niederösterreichischen Volkes, Krems 1869 S. 40, das dann vollständiger und correcter gegeben hat Much in seinem wiederholt angezogenen Vortrag über Ortsnamen in Niederösterreich in den Blättern des Vereines für Landeskunde von Niederösterreich 1872 S. 135, und zu dem ich neue Varianten beizubringen in der Lage bin, dessen allgemeine Verbreitung also schon die nach der Verschiedenheit des Ortes abweichenden Texte verbürgen und welches geradezu wichtig erscheint durch seinen mythischen Inhalt, wie durch die Form des Stabreims, die schon Much erkannt hat.

Much p. 135.

Hoppe, hoppa, Höselmann,
'Katzerl hat Stiefel an,
Reit mit mir nach Hollabrunn
Unser Katz' hat Stiefeln an,
sitzt a Kinderl in der Sunn',

Geht zum Brünnl,
Find't a Kindl,

Wie soll's heissen?
Bockerl oder Geissel?
Wer soll Windel waschen?
— — mit der Pumpertaschen.

(Name des Kindes.)

Landsteiner p. 40.

Hopp, hopp, hopp
Ziecherlmann,
Katzerl hat Stiefeln an,
Reit mit mir nach Hollabrunn
Sitzt a Kinderl in der Sunn,

Wie soll's heissen?
Zuckermündl.

Wer soll Windel waschen?
Gredl mit der Pledertaschen.

Krems.

Hopp, Hopp, Höselmann,
S' Katzerl hat Stiefeln an
Reit mit mir nach Hollabrunn
Hat a Kindl g'funden,

Wer soll's heben?
Godl aus der Reben.
Wer soll's taufen?
Pfarrer mit der Laufen.

Wer muss Windel waschen?
— — mit der Suditaschen.

Wachau.

Hopp, Hopp, Höselmann,
S' Katzerl hat Stiefeln an
Reit' übers Bergerl aus,
Ziegt seine Stiefel aus,
Kommt zu ein Brünnl,
Find't a klaus Kindl.

Wer soll's denn heben?
Der Bauer auf der Eben.
Wia soll's heissen?
Kitzerl oder Grüssel?
Wer soll Windel waschen?
— — mit der Lumpentaschen.

Krummnussbaum.

Hott, Hott, Schimmelmann,
S'Katzerl hat Stiefeln an
Reit' übers Bergerl aus,
Ziegt seine Stiefel aus,
Kommt zu ein Brünnl,
Find't a klaus Kindl.

Wer soll's denn heben?
Der Bauer auf der Eben.
Wia soll's heissen?
Kitzerl oder Grüssel?
Wer soll Windel waschen?
— — mit der Lumpentaschen.

Wesentlich anders lauten die beifolgenden Varianten aus Horn und Dürrenstein:

Hopp, hopp, Höselmann,
S' Katzerl hat Stiefel an,
Reit't mir mir nach Hollabrunn,
Z' Hollabrunn is' Kiria,
Sitzt a krumper Schneider da,
Schneider kauf' mir an Kiria!
S' Katzerl reit't übers Bergerl aus,
Beisst si' a Haxerl aus.

Hott, hott, Schimmerlmann,
S' Katzerl hat Stiefel an.
S' reit't über d' Wiesen,
S' Katzerl schreit: miaou,
Wo soll i' mei' Häuserl hinbaun?
Auf'n Kerschbaum auf;
Der Kerschbaum, der wird brimet,
Das Katzerl, das wird springet,
Springt 'n Schuster übern Last
Und der Schuster fallt in d' Fras.

Much hat mit Recht, indem er den „gestiefelten Kater" verglich, die ersten Verse auf das Katzengespann der Freya bezogen, die sich vielfach mit Frau Holla berührt, welche hier als Hüterin der neugebornen Seelen auftritt, die nach dem Volksglauben dem „Brunnen" entsteigen, aus dem Wasser kommen; Grimm Myth. I. 246. 563, Simrock Myth. 34. 229; im übrigen sehe ich in dem Liede ein Wunschlied für das Geschlecht des Kindes und glückliche Geburt. Zum Einzelnen: Höserlmann vergleicht Much zu Höselmann, bleibt dahin gestellt; Landsteiner hat a. a. O. S. 37 in einem Liede „an alter Mann, hat a par roti Höserl an"—zu Zischerlmann vgl. Grimm Myth. I. 471. und Zisa 269 ff. — Schimmelmann erinnert an Wodan, der auch sonst als Schimmelreiter auftritt — Godl, dieses vielverbreitete Wort im bair. Wörtb. nicht zu finden, nimmt billig Wunder vgl. übrigens 2 Ausgabe, 756. — Rebe über dieses Wort der nötige Aufschluss bair. Wtb. II². 66.

Den Pfarrer und die Taufe in das Lied voll heidnischer Bezüge verflochten zu sehen befremdet nicht, da ja bekanntlich die Germanen einen ähnlichen Vorgang bei der Namengebung beobachteten. — Laufe die flache Hand. bair. Wtb. I.² 1447. — Gredl, s. Simrock Mythologie 586. pledern, pumpern entspricht hd. poltern. Die weitere Deutung überlasse ich den Mythologen, die den Text gewiss zu würdigen wissen werden; für den Zweck der vorliegenden Abhandlung genügt es, vorderhand auf das hohe Alter des Liedes hinzuweisen, das aus den mythischen Bezügen und der Bewahrung des Stabreimes sich ergibt.

Wir sehen den Stabreim aber selbst zur Sprachübung im zarten Kindesalter verwendet; ein allverbreiteter Kinderspruch lautet:

Hier ist das Haus vom hölzernen Mandl; hier ist das Tor zum Haus etc.; hier ist das Türl zum Tor etc.; hier ist das Schloss zum Türl etc.; hier ist der Schlüssel zum Schloss u. s. f.

Spuren der Alliteration zeigen auch die beiden weitverbreiteten Schlummerlieder, ursprünglich wohl Schutzlieder gegen böse Kobolde:

Schlaf, Kinderl, schlaf,
Draussen sind die Schaf,
Die schwarzen und die weissen,
Sie werden dich nicht beissen.

Heudi, heudi,
Greane Steudi (grüne Stauden),
Rote Beeren stengen (stehen) d'raf,
Bringt 'n Buberl guten Schlaf.

Deutlicher weist den Stabreim das folgende Lied vom punkten Mandl (punkt Schmeller I² 395. kurz und dick, knollig, knotig, höckericht), einem Hauskobold, das sich den schönsten Sagen von Wichtel- und Heinzelmännchen anreiht:

> Wann i' will in Garten gehn,
> Will a Blümerl brocken,
> Steht das punket Manderl da,
> Mit der krausen P'rucken.[1])
>
> Wann i' will in Keller gehn,
> Will a Weinerl lassen,
> Steht das punket Manderl da
> Mit der goldnen Flaschen.
>
> Wann i will in Kirchen gehn,
> Will a B'setzl beten,
> Steht das punket Manderl da
> Mit der goldnen Ketten.
>
> Wann i' will zum Müller gehn,
> Will a Metzerl g'malen,
> Steht das punket Manderl da
> Mit die grossen Krallen.
>
> Wann i' will zum Hafner gehn,
> Will a Heferl kaufen,
> Steht das punket Manderl da,
> Will glei' mit mir raufen.

---

[1]) P'rucken = Perrücke; lassen = ablassen; B'setzl = Abschnitt; Heferl = Geschirr. Eine grosse Anzahl anderer Lieder mit zalreichen Beziehungen auf Brauch und Glauben, die ich zumeist der Zuvorkommenheit eines der gründlichsten Kenner der Heimat und ihrer Sitte, des Rates beim hiesigen Kreisgerichte, Herrn J. Kerner verdanke, sollen demnächst an andrem Orte zur Veröffentlichung gelangen.